refusões

Supervisão editorial:
J. Guinsburg

Projeto gráfico e capa:
Sergio Kon

Supervisão de texto
Luiz Henrique Soares
Elen Durando

Revisão de provas:
Lia N. Marques e Luiz H. Soares

Produção:
Ricardo W. Neves
Lia N. Marques
Sergio Kon

marcelo tápia
refusões

poesia
2017-1982

CIP-Brasil. Catalogação na Publicação
Sindicato Nacional dos Editores de Livros, RJ

T176r
  Tápia, Marcelo
    Refusões / Marcelo Tápia. – 1. ed. – São Paulo : Perspectiva, 2017.
    448 p. : il. ; 21 cm.

  ISBN: 978-85-273-1099-4

  1. Poesia brasileira. I. Título.

17-40675   CDD: 869.1
                    CDU: 821.134.3(81)-1

27/03/2017   27/03/2017

Direitos reservados à

EDITORA PERSPECTIVA LTDA.

Av. Brigadeiro Luís Antônio, 3025
01401-000 São Paulo SP Brasil
Telefax: (11) 3885-8388

www.editoraperspectiva.com.br

2017

sumário

introdução: **ondeio**   **17**
    amanharei   21

expirais (2017)   **23**
    expirais / espirais: 25
    sem palavra   26
    desmania   27
    pseudoparnaso   29
    inspirado em lenda africana   30
    resistências   31
    em torno do torto   33
    caligrama caipira   35
    quem desce   36
    divine grace   38
    olho helenotrônico   40
    vai navegando   42
    visão platônica   43
    instabilidade   44
    o cãozinho   45
    soneto da pós-maturidade   50
    visão   51
    orgasmo urbano   52
    visão de altura   53
    o último passeio de um tuberculoso
    pela cidade, de bonde   54
    desengano   55

aspirações	56
(des)classificado	57
chamado lacunar	58
catapingos	59
refusões	61
colheita	62
solitude	63
voo em dobro	64
comum de dois	65
revoltaire	66
malach	67
mensageiros	68
luz de lucrécio	70
lacunae	71
números da criação e do limite	72
octo	73
faíscas	74
grande crise da linguagem	75
ouro de búzios	76
escritura das chuvas	77
púrpura	78
o que jamais serás	79
ondina	81
magia	82
sonho	83
o vaso quebrado	
tempo	84
vaso abstrato	85
semiótica divina	86
o quadro do vaso	88
girassóis em dúzia	90
mortal	91
epifania da xícara torta	92
fórmula do mar	94

cenas de passagem
    grécia   95
    israel   99
eu e os outros
    I. um poema em prosa de marcillo tapia, o judeu   117
    II. poemas em prosa de martius tapuia   118

valor de uso (2009)   **121**

    agora   123
preâmbulo
    algo para nada   125
des-enganos
    verdade   132
    areia   133
    urbe   134
    artifício   135
    amanhei   136
    de repente   138
    desconstrução   140
valor de uso   141
alma em balas   152
perdido   153
embuste   154
dicção   155
sim ou não   156
incerteza   157
sopro   158
assunção do eco   159
mística da linguagem   161
queda   162
gotas   163
haicai   164

pedra profunda	165
antevisões	167
eu	168
ausência	169
liberdade	171
cumpra-se	172
sobrepor-se	173
único	175
ondeio	176
o nada negado	177
fazer sumir	178
força força	179

aquém-emulações, intervenções e além-traduções

nietzsche nie	181
kierkegaard	182
o que me falta	183
acorde	185
crepúsculo	186
deriva	188
aporismo	190
crise casimiriana	191
passos perdidos	192
caminho	194
a fenda	195
quid pro quo	196
a princesa e o viandante	199
speranza	201
sem comando	203
kadish	205
ps	206

pedra volátil (1996) **209**

mortemor 213
entrega 214
meia-treva 215
meia-vista 216
meia-luz 217
mea-parte 218
baixos & altos 219
poder 220
flashes urbanos 221
refluxo 222
olho a olho 223
o anseio e o sossego 224
por um fio 225
tremeluz 226
o pulo do ato 227
em cima do muro 228
tempos pós-difíceis 229
eu / eu 230
factu / fictu 231
ironia do destino 232
o meio como fim 233
big-bang 234
tempo sem tempo 235
câmera 236
existencial 237
o reto 238
balaústre 239
o continenteúdo 240
instinto 241
ao solitário 242
o ponto 243
a visão do poeta na tv 244
a pedra volátil 245

pedreira	246
poética do transitório	247
dois beijos, dois tempos	248
veículos da cidade	249
o pó da estrada	250
essência falsa	251
miniatura	253
louva-a-deus	255
cada fim	256
efeitos	257
volatim	259
o sorriso	260
o deus sem desejo	262
trânsito	263
pedra furada	265
pôr da luz	267
céu de mil e uma noites	268
cidade-luz	269

rótulo (1990) — **271**

rótulo	273
grandeza	275
falta	276
visão	277
teoria da proximidade	278
ismos	279
queria é poderia	280
desobjeto	281
segunda classe	282
quem sabe um dia, babel	283
quem?	284
sobrevida	285
feliz aniversário	286

contramão	287
amador	288
poíesis	289
retorno ao lírico	290
guardião do fogo	291
infinito	292
flerte	293
de carne e osso	294
lição de tudo	295
citrullus vulgaris	296
língua limpa	297
língua suja	298
mas	299
eu e o outro	300
dístico	301
ex-ato	302
falsídia	303
alcance	304
acaso	305
inventário	306
6,7 semanas de amor	307
ciclo	308
não	309
decisão	310
zombaria	311
até o fim	312
c/ego	313
igualdade	314
o fim	315
um só	316
instruções	317
pisces fora d'água	318
concrescere	319
redemoinho	320

zero	321
expiração	322
microgênese	323
o mito	324
ao caçador de fósseis	325
fu(tu)ro	327

o bagatelista (1985) — **329**

resto à vista…	331
balbucio	333
tênue…	334
ideia confusa…	336
palavrório…	337
motel signo's…	338
poema precipitado…	340
minha sina…	341
caleidoscópia	342
longe…	343
johno…	344
o tempo todo…	345
como um certo…	346
palavra…	347
copiadora plágio…	348
poema fantasma…	349
leite de pedra	350
(este escrito:)…	351
reduzir a vida…	353
complexo homeopático	354-355
aqui o…	356
cavar água…	357
poço sem…	358
tudo para que…	359
a verdade…	360
mergulhar…	361

dia duplo 362
(léxico exumado...) 363
o branco... 365
n'alvura... 366
lusco-fusco... 368-369
arrancar... 370
o único partido na pilha de discos 371

primitipo (1982) — **373**

tris 376
poço 377
nova lis 378
come-lume 379
respingo 380
ond 381
miïm em série 382
eu dentro x outro → mim 384
selado 385
partilha atômica 387
intrincado 388
tesão (falo totem) 389
se 391
cacos 392
solar 393
reluz 394
infinivivo 395
aguaura 396
remins 397
regalhos 398
pasticho 399
carbono 400

adendo (poemas esparsos)   **405**
      mudo (1985)   407
      quark-s (2001)   408
      fusões (2002-2003)   414
      lado 0 (2002)   418

sobre a poesia do autor   **420**
      como tipografar ou como duplicar o como...
      [susana busato]   421
      a poesia do aedo
      [jaa torrano]   431
      conhecer marcelo tápia
      [antonio vicente pietroforte]   433
      refusões
      [aurora bernardini]   437
      o vagar nada vago nas ondas de marcelo tápia
      [rodrigo bravo]   439

conteúdo digital adicional
      acesse a página do livro no site da editora em
      <www.editoraperspectiva.com.br/midia/
      mod_audio.php?lig=refusoes>, ou fotografe o QR code
      com o aplicativo específico de seu celular.

INTRODUÇÃO
ondeio

Talvez por uma ilusão de coerência de um projeto – que se pretende consciente – de escrita, iniciado na juventude, e pela constatação de raridade dos exemplares de cinco livros de poesia por mim publicados, com pequena tiragem, entre 1982 e 2009, acreditei na pertinência de recolhê-los num único volume, acrescido de um novo livro. O resultado, portanto, é, como um todo, inédito.

 A reunião não deveria, porém – segundo concluí após releituras de meu trabalho – conter necessariamente todos os poemas publicados, uma vez que, hoje, considero alguns deles dispensáveis sob uma visão de conjunto, que acabou por determinar inevitáveis critérios de escolha; suprimi, portanto, diversos elementos de minha produção, e fiz certos cortes e alterações em alguns dos mantidos, o que, penso, eleva (no limite do possível) a qualidade da coletânea. Adotou-se, para a ordenação dos livros, uma cronologia inversa, ou seja, do mais recente ao mais antigo deles.

 Desde que constatei a factibilidade de me dedicar seriamente à criação poética, ainda que com frequência pouca e inconstante, procurei pensar cada agrupamento de poemas como um projeto também gráfico, de modo a incorporar o suporte de uma futura publicação ao campo de significação do trabalho poético – que busquei conduzir por um eixo conceitual, uma quase-narrativa que se refaz em cada caso, por movimentos de *ondeio* à procura de um rumo (e de um princípio). Sob essa orientação nasceram: *Primitipo* (1982), uma pasta contendo folhas soltas com poemas verbovisuais; *O Bagatelista* (1985), livro de pequenas dimensões – coerentes com as noções de brevidade e concisão perseguidas –, que também se vale, de outro modo, da visualidade como recurso de composição; e *Rótulo* (1990), de aspecto mais convencional mas com certas características editoriais que agregam alguma especificidade ao suporte, incluindo-se o fato de ter sido impresso por mim mesmo, numa máquina *off-set* de mesa (marca Remington, que utilizei por alguns anos). O livro seguinte, *Pedra Volátil* (1996), reflete uma intenção da incorporação prosaica do cotidiano numa poesia que, nascida na intersecção entre o verbo e a imagem, da legibilidade e da visualidade, passa a se valer prioritariamente das dimensões de efemeridade da palavra (que se idealiza grafar e resistir em pedra), e encontra em *Valor de Uso* (2009) a emblematização do falso e da réplica, temas de base do primeiro ao quinto livros, assim como da *expiração* como modo de conceber o poema, contraposto à ideia da inspiração ébria, embora esta não seja radicalmente banida do cenário de composição. *Expirais*, minha mais recente conjunção de poemas, como o título indica, busca emancipar a "fórmula" antes anunciada, entre outros recursos preexistentes e com os quais se prossegue, num processo de contínua reescrita do mínimo percurso próprio e do que pude colher da imensidão de referências residuais na história – longínqua e recente – da poesia. Voz própria, portanto, talvez se possa espreitar apenas na consciência de não a ter.

Quando iniciei o cultivo dessa arte, e procurei ver o passado e o amanhã como faces da mesma moeda que jogo e falseio, vislumbrei – talvez, pois a memória é enganosa – um fim do qual partir...

Re-colher os pequenos frutos, os fragmentos de um todo – sempre passageiro – que se procura continuadamente refundir, e imaginar uma lógica-analógica coerência (ainda que fictícia), eis o propósito deste volume, que, tão honrosamente para mim, vem à luz pela referencial editora Perspectiva.

M.T.

EDIÇÕES ORIGINAIS DOS LIVROS REUNIDOS NESTA EDIÇÃO:

Primitipo	Massao Ohno/Maria Lydia Pires e Albuquerque Editores, São Paulo, 1982.
O Bagatelista	Edições Timbre, São Paulo, 1985.
Rótulo	Olavobrás, São Paulo, 1990.
Pedra Volátil	Olavobrás, São Paulo, 1996.
Valor de Uso	Annablume, São Paulo, 2009.

amanharei

        decidi,
certo dia, uma noite,
      amanhar:

desbravar, arar,
    fazer;

angariar, ajeitar,
  resolver-me:

apesar de tudo, apesar
de falto e de não saber bem,
       re-
tocar o tocado:

ilusão de valer

num amanhã ante
  (o furo do)
    passado

expirais (2017)

expirais:

> emitis;
> revelais;
> demonstrais;
> exprimis;
> exalais;
> entoais;

> espalhais.

> pereceis;
> des(ex)istis.

> valeis,
> esperais,
> resistis?

espirais:

> soprais;
> soltais;
> respirais;
> estais
> – ou pareceis –
> vivo.

> caracóis;
> curvas;
> voltas;
> re-
> moinhos

> (águas
> redivivas
> os movem)

sem palavra

a palavra sem vergonha
me serve

me serve
a palavra sem verdade

a palavra sem palavra
me verse

desmania

                     se as musas nos viraram
                       (há muitíssimo) as
costas
              voltamo-nos (há muito), volto-me,
                      para o lado
                                       oposto:

               sem furor, mania, vesânia,
                   sem sortilégio,
                  fascínio, magia,
            o vate varia desdesvariando,

                  atrelado ao mínimo,
            à imanência dos estímulos
               demasiado humanos,
                pura indivindade

                 esquecida do eco
                  do Poema Divino,
            a criação inferior, terrena,
             desvestida de encanto,

busca nos interstícios
das falas o verbo
desuman
i
zado,
i
lusão de centelha pr
i
meva

devido ao vício do poeta
menor – factótum urbano –
de promover o falso,
o enganoso

ao verdadeiro alvo
remitificado
de sua poesia
composta de pó ox
i
dado

pseudoparnaso

é mais difícil abdicar do canto
que do ar que anima o corpo
e deixa que as palavras sejam ditas,
quais forem elas, dos sopros aos ventos,
perdendo-se no vazio dos sentidos
imediatos, nos vãos dos mesmos dias
de sempre, destinados ao silêncio

mas nas frestas entre as frases, nos corredores entre os ditos,
onde espreitam a cor, a correção
das lacunas pelos meios tortuosos,
a desenformação
do efêmero, é que o canto se revela
e foge, ágil, dos mínimos ventos,

articulando-se no fio das
melodias que se pressentem nos
dias, só ouvidas quando se quer,

cantantes nos contornos das ideias,
das estátuas, das notas, das palavras,
de todas as coisas, do meu suspiro,
dos labirintos suspensos de mim
e dos outros

inspirado em lenda africana
(akpalô)

guardar a inspiração
no oco
de uma cabaça
expirar as ideias
sem palavras sem
sentido

guardá-las em sopro
para que uma noite
se libertem
como desejos sem forma sem
objeto
que se adensam no ar

vozes misturadas
toscas, veladas vozes
em ondas de vapor
que envolvem a cabeça
turvando-lhe a alma que enfim
voa

resistências

aquela pedra
sentida sob os pés,
aquela enxurrada
de chuva

o voo que achava
que teria, menino,
descendo de capa
a ladeira de terra

erram na memória
sem hora para ser,
sem chance de ser
o erro do tempo,

e querem ligar-se
humildemente,
chamas titubeantes,
aos ventos bravos

do esquecimento,
da antinostalgia,
de desapego de tudo
que não seja o gesto

que forja o instante de
passagem, só fixado
nas fórmulas do mundo,
na física dos furos,

na ausência de certezas,
nas probabilidades
dos buracos e dos sóis,
do vir-a-ser e do já ido,

pós-luas-e-estrelas,
pós-satélites, pós-
desromantização de
tudo

as memórias modestas
saltam os limites
do infinito, a desistência
dos mitos,

a descrença no cosmo,
em mim e em todos,
a destituição dos afetos,
e seguem errando

nas esquinas da mente,
resíduos fátuos
recorrentes, faróis
que piscam resistências

em torno do torto

sem anúncio
de anjo sinistro,
apenas com descuido
(omissão, silêncio)
de mensageiro
falto, afeito
à falha,
enverguei-me:

primeiro, a descoberta
do pé
       – chato:
palmilhas para entortá-lo
fazendo-lhe a curva
que só se insinua

depois, o achado
da coluna
~ curva,
desviada, como os joelhos,
pelos chatos pés;

        desde então a vida
     tem desviado seus desvios,
      endireitado e reentortado
suas linhas

    nos traços   quase
            retos
         quase
       curvos
          e nos traços
           mais e menos
              tortos   -

       o espaço da imprecisão
         grossa
        ou ligeira
    é o campo do modo próprio

          de ser quase
            si
                 díspar no
   mesmo

caligrama caipira

sou

caipira

como a pira

de São João que

arde, crepita na memória

já longínqua e ainda quer se

espalhar no mundo desconhecido

às vezes acedo e me esqueço dos seres

rudes que habitam o mundo simples do fogo

que não sabe aonde ir mas estende suas línguas

ao redor e ao redor,

como cópias de si mesmo,

desse mundo pequeníssimo ao máximo que

puder alcançar: até ex-pirar, calar-se

aos sopros, extingu

ir-se

quem desce

a vida corre

e a alma se atrasa
sempre mais jovem
que o corpo efêmero;

e se adianta,
sempre mais velha,
movida pelo
        sopro:

no espelho diário,
a dessintonia entre
a visão da face
e o ímpeto do espírito
é a piada dos
tempos

a descida ao Hades precipita
-se na encosta do abismo, escarpa
das artérias e veias,
pela entrega da carne,
enquanto o verbo se
mantém altivo

mas também ele destina-se,
ao fim e ao cabo,
no vale do Lete,
à infalível desmemória

e ao eloquente

silêncio

divine grace
(writers' tears, silence and sweat)

WRIT

E   RS

. . .

– ando ponto a ponto em reticências –

já passageiro de seis décadas
por vez primeira me senti
viajante no tempo,

feito de instantes da paisagem,
ecos da trilha musical
do que passa e passa,

janelas que se despedaçam
na memória que recostura
fragmentos, fragmentos,

decalques de cacos que formam
a viagem imaginada
de vida irreal,

nos pontos de parada, espera
junto
a um só

•

olho helenotrônico

O
holofote forte
e frio, feito de *leds*
leves,
surge monstruoso
à luz sombria de seus olhos,
sobre a haste
alumínica:

o lume inofensivo
mostra-se, ao olhar
tresvariante,

o olho de um gigante
chegado à urbe vasta,
à sarjeta que ele habita
como ponto de
retorno
de andanças infindas,
antes escura,
agora clara

o olho do gigante o
ameaça,
a devorá-lo
com seu facho
único,

ser devorador
de um olho
só, fixo
em suas parcas carnes

enganou o
monstro
ensombrando-se
no arbusto, com urros
de um Ninguém
des-humano,

e golpeou o
olho atroz
com sua própria
astúcia,
queimando-lhe os fios

com anônimo ânimo

vai navegando
— odisseu para sempre —
(cantiga de ninar)

    passo a passo Odisseu
    anda anda pro mar

        vai e vai navegando
        sem saber o lugar

            onde vai aportar

                passo a passo esse seu
                tempo passa a estar

            longe longe mudando
            homem, nome e andar:

        passo a passo Ulisses
        anda anda pro mar

mesmo e outro, o herói
não aportará mais

        não aporta jamais

visão platônica
(odisseu reencarnado)

a alma de Odisseu,
farta de fadigas,
sem mais ambições,
busca nova vida:
simples, calma, anônima,
de um comum humano –
tendo sido tudo,
não deseja ser
mais Ninguém

instabilidade
(canto trágico fragmentar)

                      a boa sorte não se fixa entre nós

                                como uma vela
     de um navio veloz
                                           a sacode o deus

                        e a afunda em
                        dor hedionda

                        como em ondas
                        torvas, furiosas
                        do violento mar

o cãozinho

I.

o cãozinho anda, atônito,
por uma faixa estreitíssima
ao lado do *guard-rail*, na
via veloz da avenida
marginal do Rio Pinheiros:

não há e não haverá
saída em nenhuma parte,
em nenhuma parte, saída,
ao longo do muito longo
caminho que ele percorre

sem destino, a não ser o
fim certo que já o espera
quando a saída buscar,
buscar a saída quando
inexistente: sua morte

vejo-o e penso em salvá-lo
mas não posso, não, não posso:
estou preso à fila rápida,
que anda a noventa quilômetros
por hora e não, jamais para,

não permite que se pare
súbito em seu fluxo eterno,
eterno para quem vive
pouco, o pouco de um dia,
caído na morte como
a sua única saída

também não tenho saída
a não ser seguir, seguir,
no sentido contrário ao
dele, deixando-o livre
para a chegada sem fim

imagino-o com sede,
com fome, exausto, com fome,
caindo por sobre as patas
antes de atirar-se à sorte
de tentar o que não pode:

desviar, atravessar,
sair da linha apertada
que o oprime, que o oprime,
ladeada pelo ruído
intenso, seco dos carros

que importância tem um cão
vira-latas, numa via
imensa, em meio a milhões
desses seres que o deixaram
vivo e solto, solto e morto

no caminho sem caminho,
com a maldade pequena
diante de todo o mal
da natureza do homem,
todo o mal da natureza?

olho à frente e vejo atrás
de mim o que deixo à sorte
dos males vãos da existência
e carrego o peso leve
de só mais uma das culpas

sem sentido ou solução;
é só um cão, nome vazio
abandonado e sem dono

II.

metáfora atroz do des-
encontro, o poema ousa
meditar-se por seu tema:
o do abandono canino,
o do canino abandono

representação vulgar
das oposições dinâmicas,
o poema reflete os
sinais inversos, caminhos
díspares em seus sentidos –

enquanto um vai com fim certo,
outro vai com um certo fim
de avesso teor ou sorte:
fim diferente de fim,
vida a um, e a outro, morte

dirigindo um automóvel
que vai aonde se quer,
acha-se, o ser, dono de
seu percurso; o outro, preso
a sua via sem saída,

com suas quatro pernas próprias,
não pensa sua rota, sua
chegada, seu pensamento
é só andar no nada,
chão fixo em que bate as patas

móveis, rápidas, constantes;
matadouro ocasional,
a rua rastreia a hora
fatídica; cada vez
mais longe, ausente, pressente

o fim reverso o ser livre,
atrelado a um fixo fim
incerto

soneto da pós-maturidade

para Glauco Mattoso

após toda a luta do intelecto,
em que se busca a grandeza de alma;
depois da procura do perfeito,
dedicada a tudo o que se ama;

quando se pensa alçar a alto voo,
e ter-se uma ampla visão de altura;
ao superar-se o mesquinho jogo,
recozendo-se a vontade crua,

chega súbito o estado decrépito,
em que o corpo cobra todo o empenho,
e esvai-se o saber e todo o mérito;

num leito, carne e nervos sem senso,
sem controle dos próprios detritos,
desfaz-se em lama o elevado intento

visão

um Dom Quimorte

amorfo põe-se

no horizonte

encoberto

sorte

descoberto

o círculo em

torno de mim

se aviva diante da

ausência

orgasmo urbano
homenagem a Décio Pignatari

o
que quer perdurar:
subversão na urbe
de pernas pro ar

visão de altura
a Décio Pignatari, in memoriam

        a esta altura
        altíssima
        da vida,

     o passado se
    reduz a curtas
      passagens

    e poucos pontos
        nítidos
  sob a névoa turva

    o presente não
      se deixa
  abraçar, furta-se

    como lêmur
no mundo sombrio
     de Hades

    e o futuro é
melhor ser esquec
      ido

o último passeio de um tuberculoso pela cidade, de bonde

à memória de um poema perdido

não há trilhos
adiante
os já trilhados envolvem-se de breu,
atrás

o bonde, o doente,
o poema

tudo

entrou e não saiu
do túnel

desengano

e se quisessem os deuses
que o mui ilustre leitor
saísse deste poema

tão desenganado da poesia
como se engana com o poeta?

eis que o semeador saiu
por aí a semear
o que o verbo tem lhe dito
em vão, fora de lugar

e deseja dar ouvidos surdos
às palavras que lhe vêm prontas,
intuindo-as diversas, avessas

mesmo que estas se
resguardem
e lhe deem seu adeus
e dor antes de se
darem

aspirações

                    inspiro-me no exterior:

       os acasos esparsos
                                  aspiram fonemas

             aspiram ao sortilégio

            são aspiradores contentes
                 de vazios sérios

(des)classificado

poema solitário
liberal
bem dotado de metro
enxuto
busca rimas raras
(para não dizer ricas)
não-comprometidas
afins com versos e reversos livres
para compor redondilha
maior

descartam-se, por pura veleidade,
esdrúxulas e priapeus;
e, por impura vaidade,
de troqueus só se aceitam os meus

(1998)

chamado lacunar
(ready-made)

catapingos

caem pa
lavras a esmo sob
re o chão

as puras no
minações divinas cor
romperam-se desdour
aram-se

línguas fa
mintas dizem
verdades rel
ativas

mut
antes nunca f
oram fixas

em b
oca e ouv
idos hu
manos

emb
ora criadas obe
decessem a seu cria
dor

ol
vidaram su
a vida prim
eva e adi
antam-se

can
didatam-se a luz
ir a cho
ver

– ó pre
tensão – em min
ha horta

refusões
(meus troqueus)

nada serve exatamente a quem procura
por resíduos prontos para o uso do escriba
nem suas próprias criações de outros tempos

as sinapses neuronais refeitas tornam
tudo o que era convicções em incertezas
que reclamam refusões de fontes idas

em recursos novos, recocções desviantes
de matéria e água, ondas transitórias
de verdades reformadas, discordantes,

recusantes, que desejam um caminho
certo, nunca resistente à passagem
para o erro necessário ao impulso

de seguir e derreter-se e refazer-se
na vertente de um vaso a outro vaso
navegando na corrente e contra ela

colheita

trago máscara
risonha
mas sou t
riste

arquiteto de ruínas
fragmentos des
colados
de mares idos

conchas ocas
que re
colho na areia

solitude

a
sonha quieta
entre as lua estrelas
risonhas

voo em dobro

a música faz o espírito
querer
        ir mais   além

voe comigo   mais além:

meu amor é como o
vento

e violento é o   vento

comum de dois

para Pérola

por dias
noites
meses
anos
décadas
nos enlaçamos
cada um em seu
corpo
(ainda que
dissolvido)

só nos falta
sermos falas
cruzadas
gestos
ajustados
num sonho
comum
vivido a
um só
tempo

sob o
mesmo
sol

revoltaire

Deus
não existe

mas
não conte isso
a ninguém

nem a
Ele

malach

anjo e mensageiro
encontram-se
na palavra hebraica
malach

palavra e alma,
vida e morte:
faces da mensagem

sim e não:
para des-
afirmar a vida
malach ha-marot
– anjo da morte –
comunica o não-
viver
com o sim
de morrer

mensageiros

1.
quantas vezes, já,
quebraram-me o encanto
os mensageiros?

a cada mensagem
(mesmo de voz interna)
cai uma vida ideada

castelos de pó
soprados por sons:
palavras

2.
vasos de cerâmica
partidos por vozes:
história,
mensagens de morte
sobrevivem em
lascas

mas centelhas vivem
nas linhas
recosturadas

3.
vazio de vida
cheio por ecos:
chispas

poemas-mensageiros
re
quebram encantamentos
entoando cânticos

luz de lucrécio

et quasi cursores, vitae lampada tradunt
Titus Lucretius Carus

qual corredores,
transmitem eles
– seres humanos –
a tocha: luz

seres mensageiros,
traduzem a própria
vida em vida alheia
e a vertem em morte
(im)própria

lacunae

      talvez se possa descobrir
      mais nos silêncios que nos discursos

      talvez   possa
      mais   nos   cursos

números da criação e do limite

oar
sobreh1ano
sobreo
oceano

divisor
de2turnos,
3passa
errabundo
ovãoentre
os4cantos
domundo

a5mo
ossonsvoam,
de7mpo
dofim –
c8deterraecéu –
9nto
impreciso,

com
ab-
sur10

octo

a Augusto de Campos, na ocasião de seu 80º aniversário

augusto luiz ventadorn
confúcio peitieu de born
ovídio t'ai-po marcabru
arnaut bertran herbert villon
cavalcanti raimbaut crashaw
alighieri shakespeare boyd
donne carew rochester blake
marvell landor byron marino
keats fitzgerald dickinson hopkins
rimbaud rilke corbière stramm
valéry laforgue pound cummings
joyce khlébnikov iessiênin
krutchônikh tzvietáieva blok
cage borges groto lepóreo
maiakóvski browne de campos

faíscas

feita a luz,
e pulverizada
em átomos,
suas miríades
de faíscas
ocultam-se em
nosso mundo,
e só se desvelam,
alustres,
aos olhos desolados,
deslustrosos,
dos cabisbaixos:

em meu
universo factual
humilde,
pobre de crença
e encanto,
lampejos serão

fogos-fátuos,
boitatás
portadores
de velhas luzes

caídas?

grande crise da linguagem

não mais podemos
puxar
o último fio do segredo
que nela outrora
habitava?

não mais podemos
ouvir
na imanência do mundo
o eco da palavra
deixada?

há como ampliar
a trilha perdida
do segredo
tornado audível
na linguagem?

há como re
conhecer a paisagem?
desembarcar
nessa viagem?

ouro de búzios

em um mar sem ondas
grãos de areia boiam
na extensão profunda
da água de cristal

partículas de ouro
de nulo valor
reluzem vibrantes
no caldo translúcido

áurea areia leve,
seu valor estético
preenche de nada
o modesto espírito

que quer nomeá-la,
pobre Adão urbano:

AUREIA

que passa

por aérea bateia,
puro ouro filtrado
no vão
de dois olhos

escritura das chuvas
(e dos humanos)
variação sobre um poema de Ibn Gabirol

com a tinta de orvalhos e chuvas,
com a pena dos raios e a mão de suas nuvens,
inscreveram as chuvas mensagem na relva,
em púrpura e azul

um artista jamais criaria uma coisa
como essa
e por isso é que
a terra enciumou-se do céu,
e estrelas bordou nos canteiros de flores

(apesar de farsantes,
teremos de buscar
tudo com as próprias mãos:
pigmentos, formas, sentidos, cores,
e formar um pequeno jardim
para nada forjado, mas
desde si des
criado)

púrpura

vestir púrpura em busca
de palavras solenes;
elevar-se além
da pobreza
de espírito

mas um manto com furos
que deixe entrar ares
vulgares, sulfúricos,
beleza corrompida
por sob tudo

o sagrado roto
se esvazia do alto
para insuflar-se
do baixo, descobrir
no averno

um último roxo
cerúleo

o que jamais serás
(a ti atiro jambos)
tardia homenagem à invectiva,
por meio da imperfeição radicalizada

mas não darei a ti, Fulano, o grande gosto
de o nome teu dizer: fuinha que és, terás
apenas gosto em te reconheceres neste
mau dito que te lanço com o meu desprezo

inteligente és, o que confirma que
se pode ser canalha mesmo se ao estudo
dedica-se o talento; o teu é até louvado,
produzes muitos livros, com empenho e zelo,

mas teu intento não alcança o ponto que
almejas: tão afim com teu descido ser,
a tua arte ostenta o ser pequeno que és,
a quem conhece aonde pode ir a tua

baixeza, o teu avesso inglório, sujo e vil;
serás, tão-só, a mesma lisa e rastejante
lombriga, feita gente, disfarçada de
poeta, mesmo sem o ser e o sabendo:

por isso tremes quando em palco falas, e
entregas tua chama fraca e ondulante,
como é o teu caráter feio, falso, reles;
soberba tens, e empinas o nariz, mas não

me enganas – fedes, ardilosa cobra estéril,
afeita a acordos pouco nobres, voz macia
que não esconde o guizo, a ameaça fria, má,
embora sejas culto, simulacro de
artista e sábio, o que jamais serás de fato.

ondina

uma ninfa das ondas,
bela ondina abissal,
mostrou-se-me, num dia
plúmbeo, em raso mar;

e contou-me um segredo
único, que não posso
desvelar, a não ser
ao próprio mar, que o sabe

desde então luto para
guardá-lo, inutilmente,
pois o sinto a exibir-se
sem que alguém o perceba:
um segredo evidente,
ocultado aos videntes.

bem no fundo do poço,
em palavras que boiam
no que é o volume morto
da água de minha mente,

recolho tons e sílabas
que reinventam segredos
contidos em um único
secreto canto que
a ondina revelou,
a errar em todo o mundo

magia
(das papilas)

a atuação da palavra
vai muito além
do entendimento:

tal é a experiência
do poeta,
do místico

e de todo falante
– ou escrevente –
que se delicia
com o elemento sensível
da língua

sonho

no fundo da água
há um sonho guardado
que vive sem respirar

do escuro ao claro,
do silêncio ao som,
de dentro a fora,
da água ao ar,
não sei, não se sabe
como o sonho reagirá:

por tanto tempo vivo
bastando-se em sua
ausência,
imerso em sua vida
negativa,
poderá afogar-se
ao encontrar o vento,
éter movido,
o eco de seu nome,

as ondas de seus sentidos
presos
à própria existência,
o vir-a-ser de sua força
prévia: vaga, indefinida,
infinita

o vaso quebrado
tempo

a estrela distante
morreu há milênios
mas eu a vejo

o vaso antigo
quebrou-se há muito
mas eu o vejo

o poeta arcaico
há tanto calou-se
mas eu o ouço

guardo-os entre
os cacos do agora
que – espantado –
se evapora

vaso abstrato

ouço palavras
de várias línguas
que não entendo

os ecos se cruzam
e se somam
em sons

que se encaixam
como peças de um vaso
abstrato

cujos pedaços
amalgamam-se
num imprevisto sentido

esquecido

semiótica divina

I

o pa dre Jo a quim Guer ra, S.J., que vi vi a em Ma cau
e a cre di ta va no e pi só di o da Tor re de Ba bel,
tra du tor de clás si cos chi ne ses,
com pôs o *Di ci o ná ri o Chi nês -Por tu guês
de A ná li se Se mân ti ca U ni ver sal*,
que bus ca re co nhe cer
em qual quer pa la vra de qual quer lín gua
e le men tos pre sen tes nos fo ne mas chi ne ses.
cri ou a cha ve -qua se de con ver são dos fo ne mas,
que per mi te a su pos ta i den ti fi ca ção de com po nen tes:
pa ra e le, as sí la bas da pa la vra CO MER
cor res pon dem aos mo nos sí la bos (do di cio ná rio chi nês)
Co – alimentar-se, Me – pratos, comida feita, e R (e) – ação;
a í es ta ria a "fi lo so fi a da pa la vra CO MER".
mui tas são as pa la vras que pa re cem ex pli car -se
nes te res ga te de e le men tos que vi ri am da
lín gua pri mei ra, ú ni ca, pré -ba bé li ca:
"u ma lín gua pri mi ti va, ri ca e va ri a da, co mo de vi a ser
a que Deus mu ni fi cen te men te in fun diu em A dão e E va,
com ex pres sões fo né ti cas pa ra os mais va ri a dos con cei tos,
lo go a pro vei ta das pe los nos sos Pro ge ni to res pa ra cri a rem
no vas pa la vras e no mes … os ter mos bá si cos se ri am
ge ral men te mo nos si lá bi cos, se gun do um prin cí pi o
u ni ver sal de e co no mi a, que man da pou par os ma te ri ais
de cons tru ção, sal va a so li dez e a ar te …
o pró pri o Deus … se a te ve às nor mas da bo a e co no mi a" …

86

"A par tir de Ba bel, os u ten tes de ca da sis te ma lin guís ti co,
com a mes ma ca pa ci da de in te li gen te e cri a do ra de A dão,
te rão fei to co mo e le fez, for man do mais e mais pa la vras
no vas, a par tir dos e le men tos de que dis pu nham".

2

o Acaso me fez abrir o *Dicionário de Análise Semântica Universal*
numa página em que aparece a série fonética *Tsiau*
(em chinês alfabético)
à qual corresponde uma das derivadas fonéticas de alcance
universal (chave-quase): CIA
a forma aparece, a mim, como abreviação de Companhia –
leio-a assim, e leio um verbete correspondente a CIA:
"Experiência, trabalho, incumbência, fadiga, canseira, sofrimento,
afanar-se; plagiar, apropriar-se; suprimir";
e leio outro verbete: "Tremer de medo"...

Deus escreve certo
por leituras
tortas

o quadro do vaso

o quadro na parede da minha cozinha
é infinitamente pior que o original
de Van Gogh

mas este meu vaso na parede
– pirata, pintado em oficina da China –
é infinitamente melhor que o original
porque o original não é o quadro do vaso
que fica na parede da minha cozinha

o que me importa se meu quadro é pintado em série
por mãos anônimas, que fazem cada um
quase igual a um outro?

porém há diferenças
não muito sutis nos diferentes defeitos
que fazem cada vaso diverso, único,
como aquele que está diante do meu olho

este meu quadro não é um quadro qualquer,
nem uma simples cópia; traz na tela rude
a lembrança de um grande quadro, repintado
pelas mãos
de um inepto pintor, eficiente
trabalhador de uma oficina de artefatos
que impõe uma a uma as suas marcas, humildes,
sem valor, para venda no mercado reles.

Na era pós-pós-reprodutibilidade
técnica, o plágio é original nos erros próprios,
nas imperfeições grosseiras,
que só existem
como tal no exemplar de imitação barata
que colore a parede da minha cozinha,
um local pouco nobre da casa, com alguma
harmonia de formas, alguma estranheza

e alguma intencionalidade que percorre
este simples lar,
como flui em olhares
que habitam um precioso museu de verdades

girassóis em dúzia

o quadro que chocava o gosto vigente
há muito
é um dos mais famosos do mundo

se o mundo absorveu e diluiu
sua estranheza,
uma série interminável
de cópias originais
– toscas telas repintadas –
ainda ecoa, rudemente,
a sua imperfeita
beleza

mortal

um quadro qualquer,
que hoje é nada,
imitação barata
da arte em outros
tempos,
é como nostalgia
que engana o
presente:
um sono de hoje,
conforto materno
do sabido,
simplório

um quadro autoral,
de imagem
reconhecida,
emulação da vida,
natureza remorta,
que acabará no
lixo

como salvar
do perecimento
um nada
leal, inglório?
com um poema
que o evoque,
fora de
foco?
tão imortal
quanto um
fósforo?

epifania da xícara torta

bebo numa xícara de louça
branca, defeituosa
em seu feitio arredondado,
circunferência torta
de um lado

não será modelo, ideal,
conceito, ou fórmula incólume,
nem forma preservada,
nem harmonia ou simetria
exatas

o paradigma deste objeto,
pairando no paraíso das origens,
tanto o enfeia quanto enaltece:
seu ser único, aprisionado
nas mãos do que difere,

firma-se na distância,
na dissimetria de um aro,
em sua protuberância excêntrica,
sendo xícara inalcançável
e esta quase-xícara plena

fórmula do mar
composição poético-musical

*a Haroldo de Campos (in memoriam) e
Augusto de Campos*

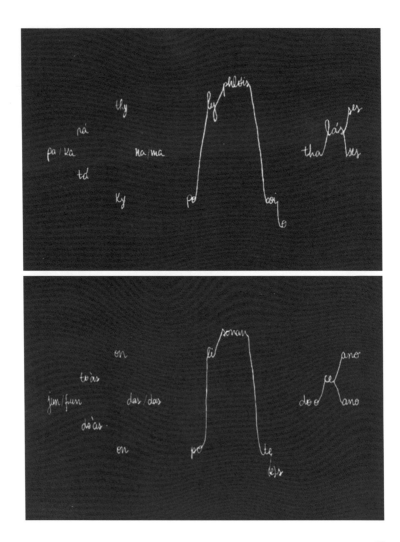

cenas de passagem
grécia

NOME

o Parthenon é um nome
intacto
de um objeto
em pedaços

o nome e a ideia
sobrepõem-se aos
cacos
do tempo

desarruinando
o passado

(Atenas, 2013)

IR E VIR

o fragmento da estátua
o avião cruza o céu
a lápide
a sirene toca
a cabeça do deus
a menina olha o celular
o braço de Zeus
a onda retorna
a face de Dioniso
o casal se beija
Poseidon atira, estático
passos ecoam

algo se recupera
se restaura
se regenera
algo se quebra
se move
some

que esforço
unir em vão
peças que vêm
ficam
e vão

(Atenas, 2013)

PEÇAS

a escultura morta
assassinada
pela crueldade das eras

recupera-se a cada olhar
sobre o pedaço em que resta

e revive, e se reproduz
vulgar como a vida
em cada peça de cópia
nas prateleiras das lojas

(Atenas, 2013)

AMBROSIA

caço
instantes,
divinos fragmentos
do Olimpo:

uvas
azeitonas
queijos
aromas-sabores
nacos de espírito

que se unem em sopro
no topo do
íntimo

(Atenas, 2013)

israel

CIDADE-LUZ

se houvesse como
a luz alimentar o corpo
jejuaria em Jerusalém

bastaria não usar óculos
escuros
e toda a intensidade
luminosa
abasteceria minhas células
pelo túnel dos olhos

se a luz fosse alimento
jejuaria em Jerusalém

e teria todo o tempo
para espelhar as ruínas
do espírito
todo o dia
para os antigos ditos
para reconstruir as eras
e os vazios
em pedras sobre
pedras

(Jerusalém, 11/8/2010)

TENTAÇÃO

seria expulso do paraíso
pela tentação das azeitonas
do mercado de Jerusalém

claras negras pardas
úmidas jovens firmes
secas velhas enrugadas
brandas temperadas picantes

pecaminosas todas
de sabor

(Jerusalém, 11/8/2010)

NEM TUDO

nem tudo são flores
em Jerusalém:
entre os aromas
figura o cheiro de urina
impregnado nas pedras
dos chãos e muros

a lembrar que se sobrepõe
às épocas, durações, eternidades
e belezas
a natureza animal
do homem

(Jerusalém, 11/8/2010)

ECOS

defronte do muro
de velhas lamentações
(muro que se pretende
tenha ouvidos e olhos)
ouve-se, no shabat,
o canto alegre, vivaz
dos judeus

e ouve-se também
o canto alongado, profundo
vindo dos autofalantes
da mesquita:
contrastes melódicos
que se cruzam
ou soam em paralelo
refletidos nas pedras
cujo brilho
parece responder
terrena, mineralmente
às orações
como um som amarelo,
eco de tudo

(Jerusalém, 11/8/2010)

NO MUSEU DE MASSADA

em volta do vaso
quebrado
as diversas línguas
são fragmentos-mundos
que se juntam
como o barro recolado

arestas se aparam
na sinfonia plural
os encaixes se afinam
nos sons reconciliadores
de Babel

o vaso universo
feito da soma – novo amálgama –
de formas que partiram
há muito
da *adamah*

(12/8/2010)

MIXES

misturas de sementes e frutos
secos:
sob o sol implacável e o ar
sequíssimo,
cada grão banha-se
na saliva
e retribui à língua silenciosa
com longa história em camadas
de sensações

(Jerusalém, 12/8/2010)

THE OLD KITCHEN

a velha cozinha e
o velho refeitório
do antigo monastério
grego
– quase reabandonados
depois de convertidos
em testemunhas do
tempo –
reinserem-se na
circunstância erosiva,
poeirenta dos dias,
espectadores da
infinita passagem
dos ventos e dos homens

(Jerusalém, 12/8/2010)

SE EU TE ESQUECER

se eu te esquecer, ó Jerusalém
nada acontecerá: minha destra
continuará forte, minha língua
prosseguirá falante, pois não
serei punido:
não tenho compromisso contigo,
mero viajante, só um andarilho,
simples sombra de passagem sob
teu bravo sol

mas se eu te esquecer, Jerusalém,
se a minha consciência perder-te
no vão dos dias,
restará tua claridade impressa
em meus sentidos,
teus odores, tua cor, tuas formas
calcadas fundas
em meus humores

(12/8/2010)

I WALKED MY FEET OFF IN JERUSALEM

deixei meus pés em Jerusalém:
sofridos, inchados
por suas ladeiras, vielas de pedras
carcomidas, escorregadias

recuperarei meus pés
longe daqui, mas as marcas
que deixarem a pele,
a carne, os ossos,
habitarão os passos
de meu pensamento

(Jerusalém, 12/8/2010)

DIALÉTICA DAS CABEÇAS

habituado a cobrir a cabeça
em respeito ao Deus dos judeus
tenho o dever de descobri-la
diante do mesmo Deus cristão,
ao entrar no Santo Sepulcro

a dialética dos chapéus
e das cabeças corre em linhas
paralelas
que se encontrarão no limite
primitivo
de um único sentido

(Jerusalém, 12/8/2010)

NOME HUMANO

a marca de Herodes
deveria perpetuar-se
nas pedras do templo
de Jerusalém

mas o templo caiu
e as marcas pétreas
se apagaram

a marca do nome
humano
perdura apenas
sopro: signo
de etérea memória

(24/8/2015)

MAR MORTO

no lugar mais baixo
da Terra
uma densa salmoura
viscosa
reluz azul em meio ao
deserto

(natureza morta,
brilho vivo)

os únicos seres
que o habitam
– em breve passagem –
não são plenamente
aceitos:
não se afunda
no Mar Morto

a vida passa
sem deixar rastro,
expulsa do profundo

como num paraíso às avessas:
intocável beleza

(12/8/2010)

ALTO CONTRASTE
(O "MAR DE SAL")

diante das montanhas
de rocha arenosa
sob o céu fogo-água
– que aqui é só fogo pálido –
e a atmosfera fervente,
põe-se a água azulada
em contraste drástico

o observador humano
espelha os avessos
– pó e água –,
síntese de conflitos

(23/8/2015)

OINOPS PONTOS

mares antigos
fundem-se no encontro
do Mar Vermelho, em Eilat,
com o epíteto homérico:
mar cor-de-vinho

as águas vão
do azul ao roxo
exibindo em seu meio
um tom profundo
de vinho violáceo

o velho epíteto
enlaça nuanças
sob o sol intenso
ressoando em sombras
no pensamento

(14/8/2010)

JAM SESSION

Na cidade de Modi-in,
no centro de uma rotatória,
há esculturas de músicos
tocando seus instrumentos:
um grupo de jazz em enérgico
desempenho de sua arte,
congelados na história
de um dia, um momento,
um flagrante sem tempo

na cidade quase vazia,
o céu claro, límpido,
reflete o amplo silêncio
do chão:
a música, contida nos gestos
de gelo metálico, a refletirem
o sol, explode em alguma
dimensão noturna
do espírito

(2/3/2013)

QUASE

na caverna
repleta de estalactites
e estalagmites
construídas gota a gota
por milhares ou milhões
de anos

uma haste pendente
está a um quase de encontrar-se
com outra vinda do chão:
quase se tocam –
um quase de centímetros
que durará séculos

quase suspenso no
tempo o
ato que se completa na
mente

a vã ilusão de um
átimo
perpetuada em vão
minúsculo

inalcançável

(25/8/2015)

VENTO

no descampado árido
poderia voltar-me ao oeste
para identificar vozes próximas

mas ao leste virei-me
e só ouvi
o vento

cuja voz de silêncio
combina ecos longínquos
a sussurros imediatos

como uma língua morna
ao pé do ouvido
ofertando antigos sentidos

vivos

(26/8/2015)

O PÃO

o sabor do pão
de um padeiro
não será igual
ao de outro:

um o amassa com modéstia,
outro com altivez;
um, com fé,
outro, com veneno;
um, com técnica,
outro, com desdém

e nenhum pão
será sentido
do mesmo modo
por quem o faz
e por este e aquele
que o degustam

a massa tem almas
e sentidos
além de farinha e água

(26/8/2015)

eu e os outros
I. um poema em prosa de marcillo tapia, o judeu

O NOME

Tapia é um dos 5.220 nomes e sobrenomes provindos dos judeus expulsos da Espanha em 1492. Palavra que passa a ser o que não me era, ultrapassado o passado desconhecido, o limite da taipa sitiadora em torno do espaço expulsor: imprevista circuncisão semântica, sinal dos tempos, aliança do atempo imaginário, reexpiração do verbo para uma identidade recriada – por homens, desde sempre expulsos todos do Éden, da origem de todos os nomes.

II. poemas em prosa de martius tapuia

CATÁBASE

Guerreiro, bárbaro, pois falador de língua estranha, comedor de carne humana, o gentio irrompe, pela força de uma ligação paronomástica, como um ramo de minha primitiva árvore genealógica. Habita meu fundo freudiano, o substrato canibal comum, muito aquém da deglutição de criações, culturas e palavras, da sublimação de impulsos mordedores; muito além da moderna digestão do alheio, da metáfora da emancipação tupiniquim. É a drástica herança da mãe terra, imperecível natureza humana, presente em todo imaginário instigado pela fome de violência. É a devoradora crueza da sinceridade mortal. Se "só os tapuias se comem uns aos outros", somos todos da mesma tribo, todos somos irmãos.

BARBARIDADE

"Dizem mais que este Maíra Tupã dividiu entre eles [tupis] as línguas para que tivessem guerra com os tapuias, mas não sabem dar a razão delas". Babel tem vários nomes, várias línguas, várias bocas, vários dentes, deuses vários.

TAPUIRAMA

"Um vocábulo de origem tupi, corruptela de *tapuy-ú* [...] assim chamavam os tupis aos gentios inimigos, que, em geral, viviam no interior, na *Tapuirama* ou *Tapuiretama* – a região dos bárbaros ou dos tapuias".

"[...] Em geral os índios catequisados, que estão domiciliados nas aldeias deste Estado, não oferecem nenhum interesse etnográfico, e aqueles que a este respeito são dignos de atenção levam uma vida retirada e são inacessíveis, tornando-se perigosos à escassa população civilizada do sertão."

O que despertaria eu, pobre Tapuia tardiamente inventado, de interesse, ainda que parco, neste imenso mundo pós-utópico, decorreria de um elo primevo, uma herança pré-colonial urdida em pesadelo?

notas

1. Embora os poemas de *expirais* contenham diversas referências e citações, optei, neste meu trabalho, por não explicitá-las, assim como aos autores de textos fragmentariamente incorporados (com modificações), excetuando-se a menção a Ibn Gabirol e Lucrécio. O procedimento decorre da convicção do caráter reescritural de toda criação, seja ele assumido pelo processo de integração consciente, seja pelo eco involuntário de obras preexistentes.

2. Outras exceções de referência, convenientes ou necessárias à leitura dos poemas:

    "Inspirado em Lenda Africana": a ideia do poema provém do contato com a lenda do Akpalô, tal como contada no cordel *As Cabaças do Akpalô*, de autoria de Josué G. de Araújo, São Paulo: Magazine Gibi.

    "Divine Grace (Writers' Tears, Silence and Sweat) / Graça Divina (Lágrimas de Escritores, Silêncio e Suor)": o poema "inspira-se" na tradicional marca irlandesa de whiskey Writers' Tears.

    "Visão": "Dom Quimorte" é nome de um dos "ideogramas verbais" de Décio Pignatari.

    "Orgasmo Urbano": a homenagem – feita (originalmente como animação, em vídeo) a partir de foto de tapume existente na Marginal Pinheiros, em São Paulo – alude ao poema "organismo" (1960), de Décio Pignatari.

    "Fórmula do Mar": incluiu-se, aqui, a notação da composição poético-musical "fórmula do mar" – veiculada na revista on-line *Errática* <www.erratica.com.br/opus/80> . Ela parte de dois segmentos de versos da poesia grega arcaica (épica e lírica) que envolvem a expressão formular *polyphlóisboio thalásses*, sendo a palavra *polyphlóisboio* referida como representação onomatopaica do mar ruidoso: *pará thina polyphlóisboio thalásses* e *katá kyma polyphlóisboio thalásses*. A composição, motivada pela semelhança fônica entre tais segmentos, realiza um entrelaçamento deles, usando dois timbres e duas vozes (diferidas por uma oitava), sobrepondo-se as palavras iniciais e a final; exibe ambos os segmentos no idioma de origem e, em seguida, numa recriação (não literal) em português: em relação ao primeiro adotou-se a forma "junto às ondas polissonantes do oceano", e, relativamente ao segundo, "fundo às ondas polissonantes do oceano". (A versão sonora foi realizada por Daniel Tápia e a animação, por André Vallias, da qual resultam as imagens reproduzidas neste livro.)

    "Instabilidade": o poema é composto de versos de minha versão (para ser cantada) de fragmento do 1º estásimo da tragédia *Orestes*, de Eurípides, cuja notação chegou até nossa era.

    "O Último Passeio de um Tuberculoso Pela Cidade, de Bonde": o título é o mesmo que teria um poema perdido de Oswald de Andrade, o primeiro por ele feito em versos livres, conforme depoimento do autor.

valor de uso (2009)

agora

*o inútil
tem uso*

*passado
e futuro*

agora é só

*o hiato imediato
do desuso*

*para um velho
momento único*

preâmbulo
algo para nada

εἰμὶ δ ἐγὼ θεράπων μὲν Ἐνυαλίοιο ἄνακτος
καὶ Μουσέων ἐρατὸν δῶρον ἐπιστάμενος

Ἀρχίλοχος (1W)

I

Fui e sou servidor de muitos senhores
e, se bem conheço o doce dom das musas,
afirmar isso – com riso – é minha *hýbris*.

Queria caminhar, mudo, ao longo
de praias do mar polissonante,
e ter, adiante, um deus para atender
a meus reclamos; mas meu dom, se o tenho,
não profético, apenas poético,
já traz desgastado, corroído,
problemático, patético, o gesto
de procura e encontro de um fim maior.

II

Ando no cimento, no asfalto,
mudo e ainda mais surdo,
com todo esse som estrondoso,
reparando em mínimos nadas
que surjam no caminho:

migalhas de outros outroras,
fragmentos de horas perdidas;
minutos, segundos,
primeiros ruídos após
um silêncio que inexiste,
que crio sozinho,
por vontade própria

da mente, que a si só
pode mentir-se, ausente:
para que então se faça
encantada com tudo,

a todo e qualquer instante,
em seu próprio mundo.

III

O fado traz males,
e quando eles vêm, parece
que o escolheram para sempre;

que crença resiste ao abandono,
que orgulho insiste diante
da humilhante falha?

Esquecimento de si, erronia,
fala turva, incerta; perda, cegueira,
vão combate; tristeza.

E, depois, a fala vermelha,
irada, possessa, sem deus
que a sustente, sem mar
vinoso que a amaine –
um vinho há de haver que a
enleve em brumas alvas
de torpor.

IV

Mas, lembre-se!, o fado
faz com que os males
ora caiam sobre
um, ora sobre outro;
vêm e vão como
as ondas, ora
benéficas, ora funestas.

A fortuna não é estável
entre os mortais. Assim seja,
assim será. Deixemos, pois,
o choro (ainda que a *anima*
insista em lágrimas): a vida
vai – e se vai.

V

Os desígnios se cumpriram
a despeito de sua vontade?
De minha vontade? Ou, não
sendo desígnios, apenas se
cumpriram sem dar a mínima
aos seus e aos meus propósitos,
que nada são e nada serão?

VI

Que deus estará morto? Todos?
Não restará uma intenção
emergente do caos, um elo
entre as partículas, um éter
nos vãos do infinito? Um fio entre
os fins, um viés nos avessos, pontes
entre pólos? Nem o nada, um

nada que se saiba haver,
permeando tudo?

VII

Sem nada que me envolva,
invento o vago a que me entrego:
falas de zero, ecos de éter
me dominam e não me deixam
servir mais ao que quer que haja,

pois a regra é não haver.
Mas não falam por meio de mim:

falam por mim, que já não suo,
nem sou,

e não mais ser-
virei, a não ser
ao não-ser que me inventou.

des-enganos
verdade

a história é a mãe da verdade

a história é um pesadelo do qual quero acordar

a verdade, filha da história,
é um sonho do qual acordei

a história não deixará

netos

areia

vejo no chão da rua
um montilho de areia
refletindo o sol alto:
parece alguma coisa,

coisa digna de nota,
esta areia que me olha
com brilho próprio; e anoto
a visão, este breve

encontro entre o chão vil
e o inatingível céu,
o ínfimo e o imenso,
como se isso fosse algo

num ato abrupto, o
vento súbito espalha
a areia, e faz dela o
nada que sempre fora

o sol do chão se apaga,
a memória dissipa-se;
olho apenas o solo,
vazio que tudo absorve:

um brilho negativo,
recolhendo o delírio

urbe

prensada pelo tempo
a vida me escorre
entre os dedos

e no chão se evapora
na premência do agora
sob o eterno do sol

artifício

                                    con
                    venham

                              fui
                        parar atrás
                        do início

                            con
                                    sigam

                            irei
                      saltar além
                    do precipício

                            com
                         parem

                          ando
                    com tudo
                  prefixo

                          con
               tornem

                      contudo
                                precipitando
                     tudo isso

amanhei

amanhã
eu
fui
ver
o
que
vão
fazer
sem
mim

para
si
(mesmos)
estes
tempos
vão
vãos

neles
couberam
o
que
faço

        quis
        vou
              cantar
        de
resto
      a
            vagar

    amanhã
      eu
      fui
      ver
    crescer
       o
     fundo:
    abre-se
       o
     chão
      do
    futuro:
   haverão
      um
      fur
       o

de repente

uma coisa pequena,
pequeníssima,
cruzou o meu dia grande,
imenso

cruzou-o numa linha
tão certeira
que a linha se fez
fenda

e o mínimo,
o imperceptível,
tornou-se agente
decisivo

de uma ruptura;
o grande é frágil,
tão mutável
quanto o ínfimo

nunca mais fui
o mesmo, nem
meu corpo grande,
nem meu pensamento

infinito,
depois que aquela
formiguinha
traçou o sulco

profundo
no caminho que
eu considerava
certo e tranquilo

desconstrução

edifício São Vito, em São Paulo:
monumento à dessacralização
de todos os santos
de todos os nomes
de todos os valores
instituídos

uma prece que se eleva
desconstruída
a céu aberto

valor de uso

I
FALSO

o falso é
a consagração
do uso

falso perfume
falso relógio
falso tudo

falso amor
falso sexo
falso mundo

o verdadeiro
é menor
que o uso

o que é repete-se
tanto até
não ser mais

do que
a que
serve:

um fundo
funcional
do inútil

2
USO

o uso surge
do que vale
o falso

dura
até quando
o falso age

enquanto funciona
o furo

(o vazio é alma:
uso)

dentro
da forma
falsa

3
DESIDENTIFICAÇÃO

a marca dissolve-se
na imitação da
forma

apega-se a si
mesma
e aparta-se do ob-
jeto

neste resta a marca
que desmarca, apaga-
se

e se reincorpora
ao uso que lhe
dá

a coisa, voltada
a ser coisa e mais
nada

4
RELÓGIOS

lado a lado,
pulso a pulso,
segundo a segundo,
dois Patek Philippe
marcam a mesma
hora

um autêntico, outro falso
cumprem função
de igual índole:
o tempo é seu valor
imediato
de uso, ainda que um
nada valha
e seu nome se
esvazie do
sentido desejado

seu uso é o valor
indeterminado
de tempo até que
um dos Philippes,
provido ou falto
de sua identidade,
pare, falhe ou
falte

5
NOME OCO

meu automóvel russo Lada
(ex-soviético, com a chave de
partida posta do lado esquerdo)
está comigo desde que sua marca
existia como tal no mundo
dos valores de mercado

hoje o nome de meu carro
esvaziou-se de sua carga
de valor para ser nada
além de um nome,
como um nome que se dá
a um cão, a um gato,
ou até a um objeto
que lhe serve:
uso-o quando seu uso
me é útil, numa nova
escala de valores
de uso, incluso aquele
de seu valor nulo
de troca

e se penso na troca
de seu valor de uso
por algo que também
use o próprio nome
para ser algo,
penso em quão nada
vale apenas o seu uso,
puro e simples

a vida é assim

6
MINIATURAS

na miniatura, réplica do útil,
a réplica é o seu próprio uso: a imagem
à semelhança de algo é criação
despida de seu uso primeiro, é
inútil a não ser como recri-
ação do ato, como fonte de
fruição do olhar, do tato, da presença,
da posse de um conceito, de uma forma,
cuja alma é a forma mesma, sem
o conteúdo do útil de cada
forma que surgira por sua função:
a função esquecida dá lugar
a outra vida, outra existência, movida
pelo nada da contemplação, da
estética, à imagem e semelhança
de um poema

7
EDULCOLORARE

doce que formiga não come,
suco que mosca não ronda:

doce sem doce,
suco sem suco,
leite sem leite,
queijo sem queijo,
carne sem carne,
ovo sem ovo,
etc. sem etc.

cores
sabores
aromas

sem fonte
sem alma

sem ser
que os origine

conteúdos ausentes,
formas a iludir nossos sentidos

palavras alternativas,
sentidos iludidos

8
BRILHO NO BREU

o brilho de um corpo
num canto escuro:

os olhos procuram
o uso do brilho
no breu, o ponto
iluminado que guia
a ação

brilho é luz
e luz é luz
seja autêntica ou não
a sua fonte:
o brilho brilha

o cristal isomorfo
é estrela
a luz é verdadeira
para sua finalidade
de luzir, venha ela

de onde vier:
da falsa pedra
da falsa fórmula
da falsa estrutura
da falsa ideia

da falsa palavra
luz

9
DEVANEIO

o brilho prata
da prata falsa
encanta-me
a alma

o que os olhos veem
a minha alma sente
bem mais, além:

o engano é
o melhor acerto
íntimo

11
PLACEBO

pneuma inócuo em plena alma
pode, ausente, conter tudo

paradoxo em seu nada que é um
– porque existe não-sendo –
preenche a lacuna de algum mundo

(coisa que pode ser qualquer uma –
e caber, amorfa, numa falha,
numa doença, numa chaga
do espírito, do físico,
do indivíduo)

uma vida em algum pico
apagada, por si
que reacende no íntimo

de uma gota, de uma pílula, de um veículo
feito da fórmula última de um reflexo:

antídoto, avesso de si, meio de vínculo,
intenta reaver o elo caído, o nexo
com o próprio sopro
de um eterno ciclo

mítico

alma em balas

"O pensamento é um diálogo
da alma consigo mesma":

na latinha de balinhas "lemon breathmints",
vendida em livraria de Jerusalém,
o verbo de Platão, vertido à língua bíblica,
antecede o contato com o leve aroma,
que antecede o ato de sorver a fragrância,
que antecede o frescor a se instalar no hálito,
que antecede um possível sopro, alentoso
– novo fôlego da palavra,
sussurro, murmúrio, novo espírito antigo,
convertido em mínimas pílulas de cheiro,
reproduzidas e degustadas em série,
dissolvidas, volatilizadas, tornadas
pura psique, éter na língua

perdido

minha caneta
é o fetiche
da autoria

posta ao lado
do teclado,
anuncia-se

símbolo de
uma identidade,
desfeita

na transição
do mundo,
um acúmulo

vertiginoso

de perdas

embuste

adepto do embuste, o escriba
forja no bojo de seu
ato o eco como origem:

o verbo eclode em antiode
coberta de inverdade:
manifesto contra o autêntico,

a escritura do embusteiro
deflagra uma contraordem,
uma ação irmã da ideia
de que o princípio é inauten-

ticidade e nada há
que não seja falsidade
convertida em sorte de
ser

dicção

dizer e desdizer despalavras que vêm
como se mastigando-as até que se diga
nada além do que se tem quando se mantém
a boca ruminando frases deglutidas

dicção cuja função é, sempre, de antemão
digerir cada sentido que se consome
na re-repetição que soma a dentição
a todo som toda sílaba que se come

sim ou não

não?

sim

       acho que não

sim?

não

       acho que sim

              sim?

sim

       acho que sim

              não?

não

       acho que não

sim?

sim

       acho que não

não?

       não acho

              que sim

incerteza

a controvérsia é uma prova
clara
de que não se vê
com clareza

a clareza é uma prova
controversa
de que se vê
com certeza

sopro

[...] *as palavras são conchas secas*
bradando a vida, a vida, a vida! e sendo apenas cinza.
Cecília Meireles, *Solombra*

        no caracol seco
        o eco do mar
        ausente

        o som revive
        no seco da concha
        no oco da palavra

        emprestando
        alma, alma
        a seus contornos

assunção do eco

só aspiro ao eco,
que a voz sempre foi
alheia

o eco, porém,
não é a mesma voz
que o gera: é algo

por si só, pois
também pode ser
fonte; o mero

repetir não
é só isso, novo
momento do ontem

mas um novo ontem
também, se lhe for
dado redar-se;

o ato é passado,
reflexo é passado,
só a reincidência

mantém-se como
possibilidade:
só esta se afirma,

alimentando
a ilusão de si,
de permanência –

vozes talvez,
futuros talvez,
poemas, tal-
vezes

mística da linguagem

sou quem sou:
o nome

só uma voz soa
tudo é desdobramento
do som

que some

queda

o céu
o sol
o dia

descem

a noite
anuncia

o
que se
esquece

gotas

fechar
as
comportas
da
fala
e
abrir
nelas
uma
fresta
por
onde
passe
só
o
que
resta
da
mescla
concentrada:
uma
vontade
uma
possibilidade
quase
nada

haicai

o topo das nuvens:
dele escorrem tintas
as luzes

pedra profunda

sob o lodo

um bólido
embolou
-se:

a luz
a velocidade
o rastro

obnubilou
estancou
obliterou
-se

o fogo

afundou
apagou
-se

o sol

afogou
solidificou
-se

o astro
plantou
-se

a semente
fixou
-se

a ferida
fechou-se

calou-se
o ar

sem rastro
ou
pesar

antevisões

sombras de escombros
por sobre os ombros

que fazer com
o que se foi?

que não me assombrem
as sobras do
que seria

mas sim que soprem
ventos do que
não havia

que reinventem
no som da noite

germens de ontem
projeções de um
dia

eu

o telefone tocou,
e não era ninguém

o que podia ter sido,
qualquer voz antiga
ou voz anônima,
desconhecida,

abriu-me todos
os ecos da memória,
para trás e
para a frente,

para o passado
e para o futuro

o presente vazio,
ausente de voz,
cheio de tudo que não ouvi,
cheio de todas as chances,

aturdiu-me:

um silêncio eufórico
com todas as vozes

faltantes

ausência

não ter o que dizer
me abre para as pequenas
coisas que querem ser
ditas

elas não estão nem
aí para com minha
falta de assunto: são
surdas

ao meu silêncio e
à minha ausência de
ideias; são por si
sós

voluntariosas, crédulas
de seu papel no mundo –
palavras-coisas que
tecem

autônoma corrente,
fluxo que arrasta em seu
bojo despojos
de hoje:

poeira, panos de
limpeza, sabão, mãos
ocupadas em vão,
falas

pulverizadas, ditas
a esmo, o chão sujo,
coisas que surgem, saltam,
enchem

o vazio mudo

liberdade

[...] *esta outra incurável, a Esperança.*
Machado de Assis, *Esaú e Jacó*

morrer antes a esperança
traz a paz
que a liberdade alcança:

despido de um sentido,
o destino despoja-se de si,
abre-se ao dar-se de um dado,

desesperançado de nada,
capaz de tudo
por todo lado

cumpra-se

1

ao deus-dará
o acaso desdiz
o que fará

2

sem eira nem beira
a verdade erra
a vida inteira

sobrepor-se

declare-se
o desuso
do surreal:
a realidade
o sobrepuja em
sua atual face
quando se a vê
como sobreposição
de traços de
todas as faces de
todos os tempos
sobrepostos

o surreal
é aquém do
indeterminado
real, radical:
o antídoto serve
a uma lira
desacertada
sobreposta
a todas as liras

mais intrincada
e simples
mais camuflada
e profunda

mais premente
e antiga
mais falsa
e inegável
que o falso
delírio

único
(recriação do mesmo)

        de certo modo vívido   ....
        todo dia é igual   vivivivivivivi
        ao único dia   vivivivivi
        que vi   vivivi
        e vivi: vivi

        vivivi   e vivi:
        vivivivi   que vi
        vivivivivi   ao único dia
        vivivivivivivi   todo dia é igual
        ....   de certo modo vívido
        .

ondeio
(cantiga)

como restar-se um grão na avalanche
do tempo?
como inscrever um *a* na mancha
do cimento?

como riscar a nuvem
de acontecimentos?
como manter-se onda no uivo
dos ventos?

o nada negado

negar o nada
para instalar o reverso:

talvez do negado
brote um mutante
avesso afirmativo

um ser que se inaugure
no limbo

ainda que sendo só
um símbolo

fazer sumir

sangue clarificado
(sangue-do-diabo des-
tinto):

de tão fundo o tom,
de tão denso o líquido,
de tão abundante a fonte,

alcança-se o avesso
da cor, o avesso
da dor, o avesso
da presença

o homem é passado
no auge de seu
presente,

é gelo incolor
no ápice de sua
veemência,

é impossibilidade
no máximo da ação
incontida,

é fumaça, é éter
quando é mais massa
a soma desmesurada

de todos os corpos,
de todas as mentes

força força

        a força está no rito
        repetido repetido
        a força está no mito
        repetido repetido

        a força está no gesto
        repetido repetido
        a força está no verso
        repetido repetido

        a força está no dia
        repetido repetido
        a força está no dístico
        repetido repetido

        a força está no elo
        repetido repetido
        a força está no eco
        repetido repetido

        a força está no vício
        repetido repetido
        a força está no início
        repetido repetido

        a força está no ato
        repetido repetido
        a força está no salto
        repetido repetido

a força está no símbolo
repetido repetido
a força está no dito
repetido repetido

aquém-emulações, intervenções e além-traduções
nietzsche nie

A métrica põe um véu
sobre a realidade sobre
ocasiona alguma alguma
artificialidade ar
no falar e no falar
impureza no pensar;

a arte torna arte torna
suportável a visão
da vida, da vida da
colocando sobre ela o
véu do pensamento impuro.

kierkegaard

O eu é
a síntese consciente
de infinito e de
finito
em relação com
ela própria.

A evolução consiste
em afastar-se de si
próprio. O eu que não se
tornar ele próprio
permanecerá
desesperado;

o eu está
em evolução a cada
instante da sua
existência, e não é
senão o
que será.

o que me falta

O que me falta para compreender o mundo
é o mundo todo: não há nexo no que vejo.
Não há verso que possa espelhá-lo, reverso,
se a face se faz um borrão indefinido
de avessos, massa informe de sangue, banhada
por água imensa, imensa sopa dos primórdios
a que retrocede a imagem depois de tudo,
de todas as tentativas de dar contorno
ao nebuloso, nitidez ao turvo, luz
ao escuro: as cores se furtam, se confundem
no gris absoluto; as vozes fundem-se num
eco surdo; os olhos se atravessam, sem alvo,
num ponto cego do futuro. A vida é trânsito,
é transe imerso nos ventos soltos, ao léu,
a combinar, no olho do furacão, os anos,
a história. Tudo morre na mistura plena,
sem dor, sem fome, sem tristeza ou alegria.
Não há porquê da forma da fome, só um
ingrediente de uma fórmula dissolvida
em caldo amorfo, sem nada que se distinga,
um caldo denso que só preenche o vazio
que com ele cresce e só quer com que se encher.
Não havendo sentido, tudo gira para
um e outro lado, e apanha a fala que não
é nada, não é mensagem, é só, é só
som, que viaja, navega no torvelinho
das indistinções, da abundância de elementos
difusos, como um fio de voz sem voz, só traço

que tece a letra sem massa e perpassa o oco,
linha de um novelo que não finda, mas teima
em persistir, sem começo, comendo-se a
si mesmo, e lança e lança um novo fio a cada
momento, que se une ao fio traçado e tragado,
ora com um nó, ora atando-se por obra
de um sopro, sopro divino, verbo que é tudo
que falta conhecer, que falta conhecer.

acorde

O sol instala-se no centro do olho,
a pupila de negra se ilumina;
um raio um átimo de dia é tudo
que o tempo inteiro sem querer ensina.

Do vasto escuro só um ponto escolho
onde toda a luz viva se combina:
o primeiro e último brilho mudo
dado à palavra que se põe em cima –

instante caído de um céu caolho
que invade o solo estéril da ruína;
e dá o tom a cor ao eu desnudo
que sola agora sem saber de sina.

crepúsculo

Na linha larga do sol posto
declino meu desejo torto,
abrindo mão do que no dia
cai no vazio do que faria.

Reditos e desditos vãos
sossobrem mais além do chão;
ações que não vingam por fim
vão e desgarrem-se de mim.

Sei, morro um pouco a cada pôr
do que desejo, a cada ardor
não satisfeito, a cada não
de um não-feito, a um senão.

Mas se o que vai leva-me um pouco,
faz-me também livre do oco
de não fazer o que haveria;
faço o que posso, eis o meu dia.

É na penumbra do crepúsculo
que me convence o que é minúsculo;
mais vale o mínimo proveito
que a aspiração que não tem jeito.

Tanto fará, no fim, o ínfimo
e o que é imenso; no fim víneo
da luz, mantenho-me suspenso
na ilusão feita do que penso.

É algo, isso, do meu pouco;
mas logo ao nada me devolvo:
do dia esvaído de feitos
vai só o sol de um eu desfeito.

deriva

Por ser de palavras o meu mar vasto,
nas ondas de um oceano de sentidos
navego, seguindo com minha nau,
à frente vendo o nada, atrás o ido
sulco que o caminho da nau perfaz.

Que ideia-horizonte me guia o leme
só o sabe o desígnio do instante,
movido por ventos que as velas enchem,
sopros de outras vozes ora hesitantes
ora certeiras, a quem nada teme.

Sob as vistas do sol ou sob o manto
fundo da noite, ao se seguir errante
encontram-se os sons ditos que entretanto
aguardam que a proa os abarque antes
de restarem no vão por onde ando.

Sem roteiro prévio ou norte entrevisto,
erra a nau una e só, ao porto incerto
caído do céu ou do profundíssimo:
que ambos os destinos um concerto
regem, fechado ou aberto, a um cimo

da tormenta, o possível tom de um canto
fatal, ou do tufão de um verbo torto,
ou de entredentes falas, prantos tantos
rangentes, ou mesmo a visão de mortos
a assombrar o véu sem sombra do encanto.

Cumprida a viagem, haja a calmaria
do coração liberto e vago, feito
de branca nuvem, mudez que estaria
no ponto inserto no âmago do gesto,
ausente. Sem dor, sem sal, sem memória.

aporismo

Meu áporo se esfumaça, névoa de asas
que jorra de árvore devorada,
nuvem feita de seres que
à distância se fundem num ar alvo:

meu áporo é térmita,
cupim que busca, em
vento que o leva além,
o fim de penetrar, cavar,
entranhar-se na matéria
que o acolhe, largadas
as asas, as asas no ar.

Meu áporo inexato,
tosco,
aflora de toco de pau podre:
em vez de gerar
orquídea,
é caos etéreo do
urbano descomposto:
vida jorrada de outra
vida, perdida.

crise casimiriana

Quando sentia o ar, a água fria, via o céu, o sol naqueles dias, de algum modo eu achava que um dia usufruiria de tudo tão intensamente que as coisas seriam minhas, seriam parte de mim; que eu seria das coisas, parte delas: uma fusão se daria entre mim e o dia.

Hoje não sinto nem quanto eu sentia, e, posto entre mim e o dia, o que eu antevia restou como nostalgia viva, ideia em vez de dia, do que eu queria sentir, e hoje sei, ideia definitiva, jamais sentirei.

passos perdidos

Não devo pensar. Antes de tudo
sentir e ver. E quando de ver
se passa a olhar, acendem-se raras
luzes e tudo adquire uma voz.

Assim, descobri, de repente,
em um segundo fulgurante,
que existe uma Dança das Árvores.

Não são todas que conhecem
o segredo de dançar ao vento.

Mas as que possuem a graça
organizam rodas de folhas
ligeiras, de ramos, de brotos,
em torno de seu próprio tronco
estremecido. E é todo um ritmo

que se cria nas folhagens;
ritmo ascendente e inquieto,
com encrespamentos e retornos
de ondas, com brancas pausas, respiros,

vergamentos, que se alvoroçam
e são tor-
velinho, de repente, numa
música prodigiosa
do verde.

Não há nada mais belo que a dança
de um maciço de bambus na brisa.
Nenhuma coreografia humana
tem a eurritmia de um ramo

que se desenha sobre o céu.
Chego a me perguntar às vezes
se as formas superiores
da emoção estética não

consistirão, simplesmente,
num supremo entendimento
do criado. Um dia, os homens

descobrirão um alfabeto
nos olhos
das calcedônias, nos
pardos veludos da falena,
e então se saberá
com assombro que cada
caracol manchado era,
desde sempre, um poema.

caminho

Todas as contradições estão no homem.
Machado de Assis, Esaú e Jacó

Por mais que tente o mais e mais de mim,
falhas de nascença renascem filhas
dos erros, brotam errantes de medo,
refazem cursos feitos de deslizes;

e eu, humano em limites e em vacilos,
conformo-me com as tortas matrizes
do meu eu, do meu ser e do meu corpo,
e pelas falhas meu perdão concedo

a mim, e sigo e sigo por princípio,
que só não seguirei depois de morto;
e assumo os buracos e desacertos

que entrementes entrem no meu caminho
repisando-os pra poder chegar perto
de um sim que se acerte por si e por
fim

a fenda
(soneto sobre a desavença)
a um amigo

Uma fenda que se funde entre as rochas
será o vazio fincado entre dois fins;
um negrume que não alcançam tochas,
um não profundo em meio a tantos sins.

Caberá às rochas transformar a forma
e ter na lama o magma do destino;
o desduro que se forma deforma
a fenda funda, enchendo-lhe os confins.

É feitio do peito o que é mole assim;
enquanto o crânio em si não se conforma,
a carne mole se refaz por si.

Marcando um novo chão que desabrocha
– no barro a cicatriz ressurge enfim –
sobre o vão, nova desfalha ardorosa.

quid pro quo

Os Boticarios tem hum livro, a que chamão, com termos
Latinos, Quid pro quo. Quando não tem hua droga,
achão nelle outra, para porem em seu lugar.
Daqui veyo o dizerse, Livrenos Deos de hum
Quid pro quo; porque às vezes ha erro nas drogas,
& em lugar de mezinha, dão os Boticarios veneno.

Rafael Bluteau, *Vocabulario Portuguez e Latino* (1720)

    Não me venham dizer que já findara
    a droga poética que se procura;
    tome-se outra, que deve ser usada
    tal como a original, visando à cura.

    Uma substância pode ser trocada
    por outra de mesma valia, impura
    como esta, como qualquer encontrada;
    mas use-a logo: é incerto o que dura.

    Dor de cabeça, dor de cornos, faz
    tudo isso sumir a simples leitura
    de um verso comprimido, ou de uma frase
    truncada que como agulha perfura.

    Ou faz entrar um sofrimento a mais
    naquele que goza uma dor futura,
    em busca do ardor que muito lhe apraz,
    e o move até os píncaros da loucura.

    A substância, seja certa ou errada,
    algum efeito produz na fundura
    do ser que a consome talvez pra nada,
    e às vezes traz luz à sua face escura.

Se o universo escreve certo por laudas
tortas, o verso em desalinho, agrura,
tem como efeito uma forte pancada
na cabeça vaga, sem espessura.

É assim se se toma por lebre o gato,
bem mais útil que a esperada doçura;
em lugar do mel, o veneno exato
arranha o céu de uma parva criatura.

Que se tome isto por aquilo e baste
ao crédulo a dúvida da feitura,
por bem ou mal, da droga que combate
a atroz miséria de tal forjadura.

No repertório das substâncias, paire
aquela que, incerta, é pura angustura
e ataca todo incauto que a cheirar,
virando-lhe sem querer a postura.

O que era de frente ataca de trás,
o soberbo visto em rastejadura;
o impertinente ameigado demais,
o tesudo a decair em frouxura.

E tudo isso para a cura do mal
de ser, de querer, de fazer a jura
de ser isto e não aquilo que, azar,
a vida o faz ser tão só por diabrura.

Pegue-se então por sorte a droga errada,
que a lógica do mundo não se atura,
e subverta-se a ordem antes dada
por uma outra, se dando à aventura!

a princesa e o viandante

Detrás do carro no parque suspeito
ele olhava a moça doida de tudo,
atendo-se ao volume de seu peito
esquerdo, à vista sob o sobretudo;

não era para seu bico, mendigo
valoroso que chegava de longe,
viajando por um trajeto antigo
desde um lugar de lá de não sei onde –

tanta sujeira impregnada na veste
e na pele, seu cheiro acre de rua,
seu aspecto, sua natureza agreste
faziam-no estranho e tão na sua

que sua inteireza porca repelia
a qualquer um ou uma que o via;
mas não foi desse jeito nesse dia
co'aquela que o destino lhe trazia:

a moça, ao contrário das demais,
manteve-se ali quando ele surgiu
e descobriu nele um sentido a mais
à vida vã que a urbe lhe pariu –

rica e louca, levou-o para casa,
deu-lhe banho, vestiu-o com casaca
chique, possuiu-o como uma macaca
no cio, desvendando-lhe toda a mágica

do seu mundo; súbito penetrou-o
nas mansões dignas, deu-se a ele toda
e sorveu o que ele tinha de outro
mundo – foi profundo naquela foda,
concúbito desvairado, maluco,
tresvariado com seu porco imundo.

speranza

Deixei toda esperança ao entrar;
mas vi, posta sobre o chão,
inerte, uma bolsa inflada.
Sondei-a, primeiro apalpando-a,
e ela pareceu ceder à pressão,
alargando-se no lado oposto ao toque;
depois a ergui, e, pelo peso, ela
pareceu-me conter nada.
Era, pensei, cheia de algum ar.

O ar encerrado me fez crer
em novo fôlego a meu pulmão,
uma dose extra de promessa
que, depois da perda, me era dada;
e apeguei-me ao hálito interno,
escondido, como fonte de alento,
a recobrar-me do choque:
ânimo vindo num golpe de vento,
guardado no vão de um odre.

E então resolvo abri-lo, perto
de minha boca, para sorver o éter;
uma fonte oculta de sentido
a perscrutar o meu vácuo.
Revelação talvez, vinda da vaga
matéria, capaz de tudo abarcar,
por ser nada, informe, corpo
invisível, recheio de uma forma
oca: o mistério é matéria escura

se oculta, transparente se olhada,
a dar sempre em nada? Quem sabe
a essência desvelada me aguardasse,
assim, dando de graça o caminho
do vento, a me levar por um desvio,
apontando-me o devir a se buscar,
novo ar que a vida alcança. Que seja,
aspire-se o espírito contido,
desconhecido, revelador.

O sorver foi útil descoberta:
a nova e breve visão de um alvo
a perseguir esvaneceu-se num
translúcido vapor, inebriante,
com odor de tempo, paralisando-me
no espaço, fixando num momento
eterno a anterior descrença,
sem mais nada a esperar, a lembrar,
a ter, a não ser o odre vazio.

Sem mais nada a esperar, a lembrar,
a ter, a não ser a ideia vazia,
a alma exaurida.

Sem mais nada a esperar, a lembrar,
a ter, a não ser a palavra
vazio.

sem comando

Sai da frente, Senhor,
sai da frente, sai da frente,
deixa este mero homem passar –
não consigo enxergar tua providência,
teu plano de sapiência me escapa –
sai da frente, Senhor,
sai da frente!

Nunca duvidei de ti, Senhor,
em três vezes mil anos.
E quando castigaste meus irmãos,
e quando puniste crianças,
abaixei minha cabeça
e engoli em seco.
Orei. Mordi meus lábios e orei.

Mas vieram tempos que traíram nosso destino:
uma chuva de nosso sangue encharcou a Terra,
os rios se entupiram com nossos corpos flutuantes,
e fornos enormes vomitaram o fumo de nosso tutano.

E os seus céus ainda giraram, como sempre,
o sol surgiu brilhante, a lua serena,
as estrelas continuaram a piscar no firmamento,
nenhum presságio surgiu, nenhuma praga veio,
nenhum raio caiu.

Onde está o mistério de tua providência
quando aqueles que elegeste têm morte tão vil?

Sai da frente, Senhor,
sai da frente, sai da frente,
deixa este mero homem passar –
não consigo enxergar tua providência,
teu plano de sapiência me escapa –
sai da frente, Senhor, sai da frente, sai!

kadish

Ultrapassar o passado
sem pedir licença –

admitir o inexistente,
suportar a morte
da origem

sem remorso
póstumo
•

ps

And shall not Babel be with Lebab? And he war.
James Joyce, Finnegans Wake, 258-11
לבב / בבל
("Babel" / "Levav")

        And he war:

        E Ele era,
        é e será;

        a guerra era,
        é e será,

        Babel era,
        é e será.

        A origem recria-se
        a cada negativa
        de sua existência:

        liberdade suprema
        da criação de Si,

        liberdade suprema
        da criação de si,
        mas sem fazer-se um nome,
        ainda que se negue o Nome:
        só o embate resta?

        Prisão da presença:
        o conflito é permanência
        de um começo sem fim

notas

1. A epígrafe do poema "Algo Para Nada" é o fragmento 1West de Arquíloco, apresentado a seguir em português: "sou servidor de Eniálio – Senhor – / e conheço o doce dom das Musas" (tradução de Luis Dolhnikoff; Arquíloco – *Fragmentos*, São Paulo: Expressão, 1987).
2. No poema "Alma em Balas", a frase referida de Platão, vertida ao hebraico, advém do diálogo *Sofista*, 263e-264a: "[...] é ao diálogo interior e silencioso da alma consigo mesma, que chamamos pensamento" (tradução de Jorge Paleikat; Platão – *Diálogos*, São Paulo: Abril Cultural, 1979).
3. O poema "Nietzsche Nie" resulta de intervenção adaptativa e disposição em versos de fragmento do capítulo "Da Alma de Artistas e Escritores", de *Humano, Demasiado Humano*, de F. Nietzsche, em tradução de Paulo César de Souza (São Paulo: Companhia das Letras, 2005).
4. O poema "Kierkegaard" resulta de intervenção adaptativa e disposição em versos de excertos do capítulo I do Livro III de *O Desespero Humano: Doença Até à Morte*, em tradução de Adolfo Casais Monteiro (São Paulo: Abril Cultural, 1979).
5. O poema "Passos Perdidos" resulta de disposição em versos de fragmento do romance *Os Passos Perdidos*, de Alejo Carpentier, em minha tradução (São Paulo: Martins/Martins Fontes, 2008).
6. O poema "Sem Comando" resulta de adaptação de tradução minha do poema "The Jews Command", de Dagobert Runes.

pedra volátil (1996)

poderia ser o um entre dois
caminho do meio
chão batido
mas intocado

(suspenso no éter
tenso por um elástico
em ambos os lados
visto mas não-vivido
sabido mas não-aprendido
isto mas aquilo)

pode ser a **pedra volátil**
fixa forma mutante
voadora, viajante, evaporável
passante

poderia ser o pulo do ato
o gesto, o golpe, o ar
o clarão no movimento
imóvel

poderia ser uma
poética do transitório
do a ser ou a ter sido
purgatório do liberto

poderia ser mea-parte
o que me/se diz respeito
divisor de águas, sulco fictício
repartindo o leito

poderiam ser os efeitos
simplesmente de ter feito
o que se pôde, o que foi, o que se fez
com ou sem efeito, um tudo ou nada:

trânsito a torto e a direito

mortemor

sabe-se:
viver já
é morrer antes
e depois

só o já vive
só
depois e antes da morte

o temor nasce do avesso:
inverso, palavra partida
osso da vítima
fosso da vida

entrega

contraponto da sorte

unir-se não há
sem deixar-se

(ser não
sem distinguir-se
firmar-se não
sem partir
-se)

unir-se não há
sem duvi-
dar-se

meia-treva

a meia-lua do céu se punha
como a meia-íris sua:

metade luz, metade treva
(metade bela, metade fera)

reflexo contíguo ao profundo
brilho anteposto ao túnel

universo em partes
nosso mundo partido

figura e fundo, dois sentidos
meio ao vazio

pedra volátil

meia-vista

janela:

metade fechada, metade aberta
de um lado para dentro, de outro para fora
dos livros à cidade
minha meia-vista perpassa de um passo
o salto da memória
ao aqui-agora:

tudo o que vi antes aponta
o dia distante, típico,
escondendo, à vista longínqua,
dentros onde a vida acontece,
se esquece, perece ou se enquadra
na memória

meia-luz

à meia-luz
quebrada pela escassez
a forma se faz amorfa
dividida em sombra

todos os gatos são pardos
os gestos confundem-se
as intenções se misturam
os diferentes anulam-se

os contrastes se desmentem
tudo funde-se
em meio-tom

tudo

mea-parte

a culpa que me cabe
a parte que me coube

só no pequeno comum
(simples mortal pobre de espírito)
esvazio o sentido
de querer além
do que não vivo

a parte que não me cabe
a culpa que não me coube
(e caberiam)
ninguém sabe quem soube

baixos & altos

no centro do lago
no mais profundo
no mais escuro
no redemunho
no furo
no fio
o fim
do fio
do furo
do redemunho
do mais escuro
do mais profundo
ao centro do lago

ioiô
acima sem saída
até as margens sem alcance
na descida a ilusão de ascender

aos céus

pedra volátil

poder

os dois lados da balança
pesar ora cá ora lá
sem descanso

o eixo fixo não pulsa

flashes urbanos

atrás do velho dkw
um bmw último tipo
na avenida indiferente

embaixo da ponte
a família reunida
em volta de uma árvore de natal
diferente a tudo

refluxo

       claro como a água
       turvo como a água
       negro como a água

       o espelho

olho a olho

um olho fechado, outro aberto
pedaço do paraíso, pedaço do inferno

olho de dentro, abóbada finita
sob o teto, sobre o chão
par a par às paredes
limite dos laços da contenção física
corpo-a-corpo da rede de vidas

olho de fora, ansiedade incontida
sem começo, sem fim
luz viandante
busca do agora ao nunca
– de sempre agora a nunca mais
o que se era antes

o anseio e o sossego

Energy is a eternal delight
William Blake

        luz total, foco intenso
        ápice restrito
        sem anseios, sem desejo
        sem nada a não ser infinito
        circunscrito

        noite a dentro sem limite
        brilha o fogo
        do atrito que consome:
        prazer, do instinto ao delito
        visão luminosa do abismo

        fenda funda do sol

por um fio

E mesmo a alma é ânsia
que jamais se estanca
Eclesiastes (trad. Haroldo de Campos)

    quando a alma inquieta se junta
    ao momento incerto
    ao físico desequilíbrio
     à instabilidade emocional

    – quando o silencio do eterno nada aquieta –

    o corpo-espírito funde-se:
    vento súbito
    onde tudo de todo o todo se reduz
    ao fio que freme

    e luz

tremeluz

A nossa alma possui uma fenda que, quando se consegue tocar, lembra um valioso vaso descoberto das profundidades da terra.
Cada forma é tão instável como uma nuvem de fumo. A mais imperceptível alteração de uma de suas partes transforma-lhe a essência.
Kandínski

       verdades eternas
       atingem-se com um sopro
       como um dardo ao alvo

       arma-ar sobre o éter
       insuflando a chama:
       é o tremor instável
       ou a extinção de um só golpe

       almas mudam
       ou emudecem
       ao sabor do vento

o pulo do ato

de um lado a outro do abismo
um só gesto múltiplo, felino
uníssono flexível
solipsismo nato

o diafragma-fenda dos olhos
refletindo o precipício

sem ruído, sem hesitação
sem mirar o fundo, só o êxito
(a tensão contém o profundo)
sem medo de erro
sem nada a não ser

o pulo

em cima do muro

o meu deus está em cima do muro

um olho para cada lado
uma narina para cada lado
um ouvido para cada lado
metade da língua para cada lado
pé e mão para cada lado

entre o bem e o mal o certo e o errado o anjo e o demônio

o meu deus se equilibra numa corda bamba
pendendo a um e outro lado
sem poder abrir mão de tudo
sem poder dizer meias palavras
sem poder rasgar-se

em cima do muro
o meu deus pensa o

buraco

é mais embaixo

tempos pós-difíceis

ganhar o pão enche o dia
e há de sobrar no resto
poesia

eu / eu

o meu e teu
num momento
é só meu

o teu e meu
num momento
é só teu

em comum
todo o tempo
só o eu

incomum

factu / fictu

para Boris Schnaiderman

pois é, boris
"mais uma vez, o fato cru aparece
mais forte que qualquer criação artística"

a notícia no meio da memória:
CADÁVER DE MENINA NO TREM FANTASMA
(personagem cúmplice do destino?)

obra viva, definitiva, máxima
de autor bestial, primevo que ignora
o simulacro, a ilusão da palavra?

ironia do destino

Ayds emagrece com segurança 4,5 kg por mês.
[...] Já emagreceu milhares de americanos.
[...] logo, logo, Ayds estará em todo o Brasil.
anúncio publicitário em revista Cláudia, c. 1972

> no anúncio antigo de produto dietético
> o humor tétrico adivinho da palavra:
> poder intemporal, primitivo, insone
> a se trair só por um ipsilone?

o meio como fim

não ir com muita sede ao pote
reter-se ao pré do consumado
como o elástico que estica o gosto
do desejo antecipado

não sorver de um só golpe o néctar
conter o ímpeto do impulso
como o fluxo forte numa fresta
sem pressa de volver-se nulo

big-bang

o mistério depois de tudo
fica no absurdo
do estrondo surdo,
do ouvido mudo

do nada-além
ao aquém-tudo
resiste a imagem
de um deus contudo

e o deus do deus
terá do tudo
criado o nada?
(ruído do silêncio ateu:)

implosão de si
ensimesmada?

tempo sem tempo
(o deus-nada)
o tempo deve ter tido início [...] há 15 bilhões de anos.
Stephen Hawking

      antes do big-bang

      não houve tempo:
      havia nada
      não houve leis:
      havia nada
      não houve criador:
      havia nada
      não houve tudo:
      havia nada
      não houve nada:

câmera

ao tempo ido

do largo do que se vive
ao estreito do que se fixa
o funil de uma existência
a passagem da paisagem

a presença ampla do mundo
traga-se pelo orifício:
um retrato diminuto
da magnitude do espírito

a lembrança é um cone duplo
que liga o imenso do mundo
à grande explosão da foto
juntando a memória ao filme

mudo

existencial

Eu próprio me traguei na profundura
Mário de Sá-Carneiro

quem chega ao vazio
quer enchê-lo

a quem chega ao vazio
de enchê-lo

resta viver a morte
cheia de vazio
ou morrer a vida
vazia de cheio

o reto

para a vida ser reta
é preciso abandonar
todas as curvas

para a vida
ser reta é preciso abandonar
todas as curvas

para a vida ser reta é preciso abandonar
todas as curvas

para a vida ser reta é preciso abandonar todas as curvas

balaústre

na insegurança do mundo
que gira
na instabilidade do mundo
que roda
na transitoriedade do mundo
que vira
na mutabilidade do mundo
que rola

a haste vertical de apoio permanece 1 marco da civilização

o continenteúdo

o que contém o que contém o que contém
o contido no contido no contido
(o tido como contém
é contido também)

o contido no contido no contido
do que contém do que contém do que contém
(o que se tem como contido
também contém)

quem coloca e quem abarca
se convão como convêm

instinto

cão de dois donos passa fome
ou os come

ao solitário

se o dia dói
a noite corrói
o só assombra

olhe para o próprio umbigo
e veja
na cópula consigo
o elo banido

veja-se na sombra:
o duplo que contém
a ausência do outro
que já se tem

o ponto

o pont
o, desde
o iníci
o, é
o víci
o que freia
o
precipíci
o

a visão do poeta na tv
(angústia)

ao vê-lo na tela,
joão cabral de melo:

sem visão central
sem uma esperança
sem o olho do alvo
sem ponto de fuga
sem foco de apoio

seu "compreende?" soa
dito a cada frase
como a tentativa
de reter o ausente
que visto convence

a cegueira faz
fazê-lo estranhar
as palavras ditas
escritas no ar:

a face invisível

do monstro vencido
em seus tempos vívidos

a pedra volátil

*Um cometa baterá em Júpiter [...]
Se fosse na Terra a vida acabaria –
e isso pode acontecer*
Revista Veja, 13/7/1994

pedra de fogo furo do abismo
olho de soco projétil sísmico
pedra que voa sem ar sem nada
a esmo certo além da chegada

umbigo atômico elo infernal
bafo de satã vento do mal
vapor de pedra alma do avesso
dentro de fora fim do começo

começo do fim dias contados
destino volúvel do passado:
o dia nos chegará volátil
sem data, sem dia inevitável?

a pedra do chão cairá do céu
um céu pesado, enorme e cruel
crescendo de dentro do final –
um gérmen alheio original?

uma descriação refundada
num ponto ínfimo do criado
– que se pensou o centro de tudo –
eleito a dados ou dedo mudo?

pedreira

para Paulo Leminski

o tempo pós
o fez diverso:
pedra

eterna, fixa
dura, pesada
imóvel, muda
cega, surda

pedra-chama
teimando
eternamente

como alma
consistente

poética do transitório

a torre (de babel) oca de livros
de matej kren, eslovaco ("idioma")
na vigésima segunda bienal de são paulo
é um túnel mágico
livre

de tudo: o pensamento
circunscrito *ad infinitum*
nos espelhos do teto e do chão
eternizando todo o conteúdo em um
vão do espaço-tempo

uma arte que se diz rediz desdiz por si mesma
no múltiplo que se zera no abismo
(a soma de todos os nomes, todos os temas,
todos os códigos, todos os ditos,
resultando no anônimo mítico)

a história, a cultura sedimentadas
a cada registro, cada peça montada
vivendo na existência para nada

só o ato é uno
e nulo

dois beijos, dois tempos

enquanto "o beijo" (1886) de rodin fixa o movimento, o gesto havendo no objeto (flagrante da natureza do andamento, sensualidade do frio, carne de metal, não-tempo de um instante), o "beijo" (1967) de waldemar cordeiro move o fixo das partes que participam do momento final dos lábios inteiros (anatomia de fragmentos, curva de retas, ação de cortes, instante de tempos, meio feito de dois fins)

enquanto na estátua o beijo espera para sempre
o objeto mecânico espera no beijo seu ser ausente

veículos da cidade

nas ruas cada um vai
ou vem traçando
seu roteiro
único
em meio
a tantos trajetos
cruzados cruzados cruzados
fios que se torcem se desenlaçam
se anovelam se anulam dão-se nó
cada um no seu curso
cada qual no seu leito, seu sulco, seu trilho
seu caminho, seu destino
suas vidas atadas desatadas
seus emaranhados de
nadas

o pó da estrada

cães vadios, famintos, sarnentos

que em vida de vida quase nada
(fervilhando em mar de parasitas)
jazem frios sobre os pedregulhos
acostados no canto da estrada

– o tempo é passagem no trânsito da viagem –

em dias, putrefatos ao sol
vistos de longe para não vê-los
em mais dias, vazios mais murchos
vistos de longe para não vê-los

em mais mais dias, quase só pelos
vistos de longe para não vê-los
em mais mais e mais dias, só pós
vistos de perto para não vê-los

o tempo desfeito na amnésia da imagem

essência falsa

as lojas de essências da rua tabatinguera
e da rua silveira martins
na sé em são paulo (e afins)
são um modelo mítico da nossa era:

o totem da verdade caído por terra
dá lugar ao frenesi da imitação
um por um de cada aroma que era
é agora quase tal qual, a não ser por um senão

a marca vira tipo
e o que era espécime se torna espécie
cada nome vira público
e o que era único se torna série

o milagre da multiplicação
se instala para qualquer um
e o que era distante da mão
cai na mão como um fato comum

a fórmula do tal perfume
se obtém sem entrave
mas sua essência permanece posse
falsa de algum dono falso da chave

tudo se chama como se quer
e é tudo como se fosse;
além do perfume, o whisky, o cognac, o liqueur ,
se fazem sem o tempo de amadurecer

a coloração se faz com caramelão
o sabor com o aroma, o açúcar, o álcool
– a química da depuração da simulação
criando a realidade dúbia, virtual do igual

nestes tempos de reproduções
mesmo as palavras, mesmo as ações
o que se diz, o que se faz
ora é ora não é ou é o que se faz o que se diz

cada coisa que se denomina
pode ser o simulacro do que se designa
ou o que se resigna com o simulado:
o verbo sublimado e recondensado em significado

miniatura

o rádio pequeno do camelô tem mínimas,
do grande, as formas que imita sem igualar
tem dele as entrâncias e saliências de onde
nada sai ou por onde nada entra, só o olhar

o que no modelo funciona
na réplica só se ambiciona
com o engano de se ver o
que de si só se insinua

na cópia com elementos de função nula
a inutilidade nua, o simulacro
é o que seduz a vontade de posse da
criatura em miniatura

a alma do objeto não é o que faz
nem o que é por dentro mas
o que quer ser por fora: o nexo de ver
detém a intenção de ser

como um ser a priori com poder
de satisfazer quem o almeja ter
até que se perca de vista o que
se queria que fosse, o que é

e não se sabe mais o que era para ser o
que não diz mais o que se queria dizer:
o que não tem mais o a que se deveria
ater

o poema vive do ser que quer
ser o que não é mas tem o que
soa como utilidade última
da qual não se pode abrir mão

uma voz, ainda que adornada
de nada
um objeto, ainda que sujeito
a signo

de outro objeto
a que aspira
e de que vira
dejeto

louva-a-deus

bicho-pau
tanto disfarce, camuflagem
a boca do lagarto
Ana Luiza Tápia

um ser feito à imagem e semelhança
de seu deus: o meio em que se lança

na fusão com o que o envolve
sua identidade irreal, móvel, remove
a nitidez de sua imagem, sua dança

(abdicando de seu eu original
recria a sobrevida pelo igual:)

louva-a-deus folha
louva-a-deus folha morta
louva-a-deus orquídea, galho, pau

(seu mimetismo o faz – quase sempre – invisível
sua pantomima o faz – quase sempre – crível)

na vida como se fosse
come como se só fosse
o ser sem véu que não se avistou

(mas por vezes come-se o camuflado – azar do quase –
como um bom prato enfeitado)

cada fim

amor, vida, tudo que acaba
traz de novo
um vazio de nada
uma vazão muda

um choro manso
como se o mundo
parasse e tanto havido
fosse no fundo vácuo

adormecido o gesto
a fala sem sentido
o desespero liberto
de ter de ser vivido

muro que se conquista
bate-se sem retorno
sem porta, sem saída
sem saudade, sem ser tarde

cada fim, mesmo que não
definitivo, traz consigo
uma perda de algo vivo
que traz de morto
o que recomeça do abismo

efeitos

poesia: quem escreve tem de
(apesar do apesar)
– um efeito a pagar

resultado, consequência
um destino, finalidade
em busca de eficiência

eficácia de si
impressão, sensação de outro
bola desviada imprevisível

efeito de perspectiva
termo de ação
lança inventiva

ou dano, prejuízo
produto fortuito
erro de causa

(efeito estufa:
frase de efeito
estufando o peito)

ou efeito placebo:
um nada sem causa que causa
o toque (mágico) do dedo

na ferida, cicatriz
da vida
(efeito de partida)

dia a dia vivida
no feito de levar a cabo a tarefa
pôr fim à dívida

valores negociáveis
valor a receber, a dar
– para todos os efeitos –
sem efeitos especiais

volatim

equilibrar-se no fio
concentrar de um e outro lado
o peso no arame fino:
caminho nítido, frio, escasso

o centro de gravidade
como única via
de prosseguir a vida
por um fio de verdade

o meio forçado
suporte de todo o devir
destino traçado
pelo alvo sem desvios

instabilidade precisa
volubilidade certeira
determinação concisa
retidão passageira

o zero da balança – crença
na compensação dos contrários:
o eu sem arbítrio
a não ser perseguir a presença

o sorriso

Depois de matar o primeiro-ministro
Yitzhak Rabin, Yigal Amir sorriu.
Revista Veja, 15/11/1995

há algo que ri por si no sorriso de amir
há um algoz que entra frio nas entranhas
há algo que aniquila nos olhos tranquilos
(e há algo de imprevisto na rima sinistra)
de quem crê naquilo por que agiu

um olhar longe
que olha de outro olho
outro lugar
um além capaz de anular
toda culpa

a persona serena de um assassino
– avesso da serenidade dos justos –
desdizendo-se desde si – destino
na mente de quem se creu – desatino
justo

o lugar do riso é a prova
prosa de um mundo próprio
aviso *esquizo*
ao mundo
inciso:

o próprio deus
o próprio céu
a própria lei
o próprio ato
o próprio siso
o sorriso im
próprio

o deus sem desejo
(o poder livre de arbítrio)

as leis da física vigorarão inclusive no início do universo, de modo que Deus não teria tido liberdade para escolher as condições iniciais.
[...] *Deus é um jogador inveterado*
Stephen Hawking

    no tempo imaginário da física
    há todas as histórias possíveis:
    deus joga dados inveteradamente
    (jamais abolirá todas as possibilidades)

    mas não há começo nem fim
    — o universo sem fronteiras —
    com um deus com estribeiras:

    não decidiu o que tinha em mente
    (as verdades que são já eram)
    e só escolhe o prosseguimento
    com restrições previsíveis
    pelas leis que os homens re-
    criaram

trânsito

do chão ao céu
do concreto ao etéreo
do carro que corre pela via estática
ao tempo que transcorre pela janela fixa
o percurso: espaço de ligação
branco no tempo, espera
movimento sendo ou por ser
(a pausa anseia a ação)

na passagem há tudo
o que foi, o que é havendo
(o que se detém mais ou menos)
o que se prevê, o que se acaba vendo
o que se vivendo não é concluído

tudo o que chega termina ultrapassa
contém o andamento que age:
teima em sobreviver ao passado (viagem)
recriando o impulso de cada pré-ato
(reagindo no refazimento da imagem)

tudo caminha tudo muda tudo transita
mesmo os cortes de instantes aprisionados
na memória, na morte do agora que a habita:
o que está sendo atua sobre o que já foi e o que será
na cadeia interminável do itinerário
até quando o trânsito significa a morte
– o passamento desta para outra ou desta que era
para o que possa ou poderia ter sido

pedra furada

miolo de nada
oco de tudo
éter de pedra
vazio de duro

vazão de cheio
buraco de espírito
largo de ar
furo de inteiro

ralo de céu
túnel de terra
halo de luz
elo de ligar

sopro de verbo
suspiro de a ver
eco de silêncio
ausência de ser

pedra volátil

tutano de tempo
íntimo de infinito
ânus de nuvem
pleno de ontem

avesso de sólido
olho de ó
falta de algo

vulva de azul
alvo de negro
palavra de mudo
futuro de fundo

pôr da luz

entre o azul intenso
e o negro-prédio
a faixa amarela guarda suspensa a memória
do sol acima

enquanto ele
já abaixo declina
declinando consigo
a escala de vermelhos que fabrica

céu de mil e uma noites

Se eu
não fosse poeta
seria astrônomo
por certo.

Maiakóvski (trad. Augusto de Campos)

olho o céu e vejo um céu antigo
como aquele que eu tenho comigo
desde que o mundo era o meu umbigo

um céu de tecido azul escuro
com os pontos de luz em furo e uma
meia meia-lua de futuro

nesga, um rasgo fino reluzente
numa renda quase transparente
com o vulto do clarão ausente

crescente sobre o pano profundo
que conquista um negrume de fundo
quanto mais e mais cai com o mundo

e se consome o vermelho púrpura
(desvanece a cor à ausência pura)
quanto mais e mais o brilho fura

cidade-luz

metrópole: elétricos
astros encobrem escuros
buracos de pedra

(1983)

notas

"Tremeluz": As frases de Kandínski (epígrafe) encontram-se em tradução de Maria H. de Freitas.

"Ponto de Vista": A frase de Aldous Huxley (epígrafe) encontra-se em tradução de Osvaldo de A. Souza.

"Tempo sem tempo / o deus sem desejo": As frases de Stephen Hawking (epígrafe) encontram-se em tradução de Maria Luiza Borges.

"Factu/Fictu : A frase entre aspas pertence ao texto "Gabeira no Limiar da Palavra", de Boris Schnaiderman, publicado na revista *Polímica* número 2, Editora Moraes, 1980.

"A Visão do Poeta na TV (Angústia)": O poema é motivado por uma entrevista concedida por João Cabral de Melo Neto à TV Cultura de São Paulo em 1994.

"Pedreira": O poema alude à Pedreira Paulo Leminski, em Curitiba-PR.

"Dois Beijos, Dois Tempos": A obra *Beijo* de Waldemar Cordeiro, evocada pelo poema, consiste em um objeto eletromecânico com foto que, ao fechar-se e abrir-se, une e desune as partes da imagem de uma boca.

"Pedra Furada": A imagem que integra o poema é uma reprodução parcial de foto publicada no jornal *O Estado de S. Paulo* em 22/10/1995.

rótulo (1990)

vivendo e aprendendo
nada de novo no front

rótulo

I

*meu primeiro manual
de vida e de poesia
foi um livro de mágicas
e truques teatrais*

*mil gestos para esconder um
instrumentos tramados para ocultar
existência dúbia: palpável e efêmera
para velar o fim, o objeto verdadeiro
a surgir por magia
guardado para se criar*

*o foco de interesse:
a revelação ilumina
o que estava em sombra
(só se conserva o mapa da mina)
e um pombo não é um pombo
nem um lenço um lenço*

*as palavras a serviço
do ilusionismo:
encobrir algo
(calar com fala)
a ser revelado
como se os meios
pudessem dizer a que servem
além*

II

uma escrita
de rolo impressor
pensamento de carimbo
original é série
o autor é posse
da tinta
a obra da matéria

ofício de fazer livros
compor é tipografar
criar é duplicar
comunicar é vender
– ou dar

serviço de braço
de ferro de borrão
estampar a própria fala
(falo e faço)
de mão a mão

III
(vox populi)

comerei, também
do biscoito grosso que fabricam
(dourados ao forno
– bela viola)

a mentira e o poeta
têm pernas curtas –
rastejam para o bote fatal
além de onde
judas perdeu as notas
o cobrador as contas
e o leitor a pele de cordeiro

grandeza

partícula
grão-de-pó
vírus
não há micropalavra
o verbo é macrocosmo
mesmo do minúsculo
engrandece o que é oculto
só pode ver-ouvir
se diz demais o diminuto
o instante é sempre longo
a letra nasceu sintoma
quantifica toda origem
a palavra megalografa
tudo

falta

confesso:
quase tudo que quero
é pecar pelo excesso:
tudo que é demais em tudo
é demenos contudo
para um saco sem fundo

visão

entre o grande que via
e o pequeno que vejo
está a visão do além-tejo
(dois pássaros voando são um na mão)
o nada é ter desejo
e não ver ilusão

teoria da proximidade

meu resfriado é mais importante que o teu câncer
sabão no olho alheio é colírio
pimenta no cu dos outros é talco refrescante
mas quem tem   tem medo
teu resfriado é mais importante que o meu câncer
(mais tarde ou mais cedo)

ismos

megalomania de pobre de espírito
é espiritismo
megalomania de podre de rico
é fascismo
megalomania de rico de espírito
é virtuosismo

queria é poderia
(quem sabe um dia)

como poeta
queria ser cantor
como cantor
queria ser porta-voz
como porta-voz
queria ser ouvidor
como ouvidor
queria ser mestre
como mestre
queria ser sedutor
como enganador
queria ser poeta

desobjeto

o que não vejo
no espelho não é
minha imagem
esta feição de genes

o que não percebo
no reflexo não é
o ímã-desejo

o objeto é um in
vento
sem desfecho
que já não
protejo

o que pego é o vão
do apego

(o eixo sem osso
nem sossego)

segunda classe

de manhã
média com pão e manteiga
no almoço
dieta da quantia média
o dia todo
média com o chefe
pra não ficar
abaixo da média dos ordenados
no estacionamento
taxa de carro médio
meio tanque cheio
a volta pra casa
em velocidade média
rádio ligado
em ondas médias
na chegada
metade uísque metade água
média mensal do filho na escola
a cara metade fala de ofertas
com 50% de abatimento
novela o divertimento
(gosta daquela entre a das 6 e a das 8)
depois do banho morno
panos quentes nos desentendimentos
um coito de meia hora
pau tamanho médio
meio duro, gozo mediano
deitado de meias na metade da cama
o jornal da tv: *mass-media*
pra ficar por dentro da vida

quem sabe um dia, babel

no Brasil se fala espanhol
para spielbergs e zeffirellis
para o americano comum
para o mercado comum europeu

no Brasil se fala inglês
para a sanduicheria e o free-lancer
para o jeans da loja do shopping
para o ok do marketing

o Brasil é um país português
para a academia de letras
para a piada
para o pão nosso de cada dia

o Brasil é um país plurilinguístico
para o bairro da Liberdade, o Bom Retiro
para os letristas de rock
para o poema em esperanto

o Brasil é um país único
para o berço de um poeta intraduzível
para a cama de multiescritores
(traduzidos em todas as línguas)
para a morada eterna das possibilidades

quem?

quem tem Boca
vai a roma
quem não tem estômago
a romaria
dos desbocados

sobrevida

no país a moeda muda
a valia passa
a página se apaga

(1 meirelles vale 2 drummond vale
20 portinari vale 100 machado vale
200 villa vale 20.000 barbosa vale
..... castelo)

fica o dito pelo não
a palavra não
tem peso
o autor tem preço

falar em brasileiro é efêmero
o poema atual é transitório

mas tais afirmações perenes
podem estar numa conta na Suíça
patrocinando o velório

feliz aniversário

as frases mortas nos muros
que viveram um dia ou dois
saudando datas ou datando ditos
– sentidos curtos de motivo –
permanecem a cada olhar
regrafando minuto a minuto
uma fala perdida de assunto

palavras de vento
inscritas no concreto
formas de tinta e gesto
buscando significado no tempo
já ido
ou na chance de retorno
cíclico

quase-palavras relidas
apagadas em espírito
sem função além do traço –
cicatrizes de momentos –
fantasmas negros na retina
de quem passa
por ecos vazios do passado

meu olho para
ao sinal de vida
(antes da palavra)
na frase carcomida
num muro descascado

contramão

escrita: fuga
da realidade que abate
serviço pessoal de escape
sem mais nada que diga
(não há além da necessidade
algo que cabe)
destino: que a impotência acabe
em imagem
(se da palavra me sirvo
para evitar o embate)
ou, contramão, em sacanagem

amador

se ser ambiguamente
se ser polivalente
é ser amante
ou ter o amador no sangue

se ser indefinido
se ser incontido
é ser infinito
ou ter o éter no espírito

se ser instável
se ser improvável
é ser flexível
ou ter a dúvida no alvo

se ser minha sina é sê-lo
se ser minha sina é selo:
é ser à revelia
ou ter o lacre no seria

poíesis

tive uma ideia fundamental
pensei num verso
e dei pro artista
fazer a arte-final:
meu poema visual

tive uma visão pura
tracei um esboço
e dei pro pintor
realizar a pintura:
minha obra futura

tive um desejo cabal
imaginei a cena
(preparei a cama)
e dei pro profissional
gozar o ato principal:
minha polução matinal

retorno ao lírico

poesia para poetas
poesia para poucos poetas
poesia para pouquíssimos poetas
poesia para um poeta:
eu
    para todos

guardião do fogo
para Luis Dolhnikoff

        confio-lhe a sorte
        de meus poemas desfeitos
        confio-lhe o suporte
        de meus defeitos
        confio-lhe meu rótulo de poeta
                meu delírio de asceta
                meu chiste de esteta
        confio-lhe de olhos fechados a morte
        de minha ilusão do mito
        confio-lhe, amigo
        com alívio
        (presente de grego, valor estimativo)
        a integridade do meu lixo

infinito

aos imortais (de fato)

        quando a morte
        quero Mozart
        quando o plantar-me
        quero o andante
        do Tema de Elvira Madigan
        quando o silenciar-me
        quero ouvir
        não o que digam

        quando o jazer
        quero gozar a arte
        de gênio indigente
        quando o velar-me
        quero descansar em vala
        a salvo de verbos
        definitivos

flerte

para Paulo Leminski
ser/aquilo/que a sombra/quis/para noivo

      por um fio
           o pavio foi-se
                o psiu da foice

rótulo

de carne e osso

se quero o poema de carne
e só armo um esqueleto
se quero escrita de sangue
e se espremo é só seco
são os ossos do ofício
(mas para ver a própria mão
a luz pouca de ossos é pouco)

para que a mão cometa
o pecado da carne
é preciso apalpar a mortalidade
preciso é um dedo de coragem
para tocar o ponto efêmero
onde o desejo arde.

se quero o poema de carne
é deixar que se devore o motivo
e não reste sentido ou vestígio
no pó que eternizo

lição de tudo

para João Cabral

seus versos paralelepípedos
são: uma pedra no sapato
(passos por sobre sobre-saltos)
do pedestal de uma poesia
morta de nascença de quase
sempre

citrullus vulgaris
(vulgo melancia)

fruto calado:
doce ou insípido?

calar fundo
(ferida sua forma una)

decompor o conteúdo oculto
sentido na língua

língua limpa
para Glauco Mattoso

sua obra-tara às claras
é um banho de saliva
(salubrificadora)
no germe dos escusos
(fertilizadora)
no deserto dos cultos
(digestora)
no engolir de sapos
(removedora)
na maquiagem dos valores temporários

língua suja

moral:
colgate e cepacol
depois do prazer
oral

mas

em boca fechada não entra mosquito
mas
quem cala consente

eu e o outro

para Régis Bonvicino

o poeta é um tapiador
tapia tão completamente
que chega a tapiar que é dor
a dor que sei lá se sente

dístico

a dura verdade
dura a falsidade

ex-ato

Between the motion
And the act
Falls the shadow

T.S. Eliot

      o ensaio da ação em lugar da ação
      ou o ensaio é uma ação?
      pensar no ato é um fato
      tão de fato quanto o ato?
      a faca e o queijo na mão:
      não cindir é um ato intacto?
      ou o ato é o fato do queijo fatiado?
      o adiar, adiado, do ato
      é um fato adiado sem ato?
      ou o ato de adiar é antes um ato sem fato?
      o ato é agora ou nunca também é ato?
      o poema (só) pensado será (ou seria)
      um poema do fato?

falsídia

falso é o que
não é falso por ser
de falsidade
falso é o que
é falso por não ser
de verdade

alcance

　　　　pau que nasce curto
　　　　morre quebra-galho

acaso

por um acaso vazio
(naufrágio sem razão)
você a ver navios
eu de mastro na mão

inventário

papagaio come
periquito leva

o sujeito tanto deu em cima
deu duro mas não deu certo
acabou se fodendo
mas como era fodido
resolveu dar a volta por cima
e botou pra foder, decidido
porém era uma barra
um osso tão duro de roer
que mesmo sendo esperto
quando viu tava lá dentro
entrou pelo cano
nem sabe como, por descuido
levou um puta ferro
isso é coisa de babaca, bunda-mole
o que pensou era duro de engolir
e resolveu reagir com tudo
armou, falou, virou boca-mole
pra se impor, tirar vantagem
mas foi tudo uma bobagem
ficou por baixo, a vida foi um cu
nada pode mais querer poder
saco! essa foi de doer
hoje pula de galho em galho
aceita tudo, um bobo-contente
com uma frase que lhe bate aos dentes:
que merda, porra, caralho!

6,7 semanas de amor
(25/11 a 17/1)

    te conheci
    no dia universal do doador de sangue
    te comi
    no dia universal contra a aids
    te ganhei
    no dia do relações públicas
    te exibi
    no dia mundial da propaganda
    te emprenhei
    no dia nacional da família
    te prendi
    no dia da declaração dos direitos do homem
    te liberei
    no dia do reservista
    te flagrei
    no dia do vizinho
    te quase bati
    no dia da marinha mercante e do salva-vidas
    te perdoei
    no dia da confraternização universal
    te enganei
    no dia do fico
    te mereci
    no dia do enfermo
    te cortei
    no dia dos tribunais de contas do brasil

rótulo

ciclo

a vida a dois
é um bumerangue
vai mês vem mês
acaba em sangue

não

palavra-em-músculos
o-que-a-boca-não-diz

escapa no corpo
em forma do que não
fiz

decisão

dons do espírito
ou bem empírico

cair no céu
ou subir na vida

zombaria

os olhos que zombam de mim mostram-me a via
por onde passo ao fim do dia –

. .

nem os sábios corações velhos conhecem ainda
os signos que zombam de mim na minha ida

até o fim

a vida é assim mesmo
mas eu sou mesmo assim

c/ego

quanto mais auto falo
mais baixo escuto

igualdade

são todos iguais
cada um só pensa
na própria diferença

o fim

partir pra tudo
mesmo que isso seja
o fim do tudo

um só

para Alice Ruiz

    madrugada
    tudo dormia
    só eu dia

instruções

no shampoo se lê
deixe agir por alguns momentos
no analgésico se lê
de um a quatro comprimidos
na receita se lê
açúcar a gosto
no poema se leem
de um a mais sentidos

pisces fora d'água

pra ter, de verdade, palavra
devolvi o peixe à piscina
deixei o aquário só de água

concrescere

para Pedro Xisto

um feito-zen

obra-didática
não esconde cada etapa
de sua matemática
– nem o que se apaga

(pó repouse em pó
ou venham ventos que elevem
sobre a sorte o só)

o feito da obra
sem glórias nem outros louros
é feito pra poucos

redemoinho

tudo aspira sempre
tudo provive
tudo premorre

o nada centri/fuga
o nada centripeta

entre o errado e o segundo
    o primeiro e o certo
    o inteiro e o terceiro
    o quarto e a parte

o caracol é o assunto:
o umbigo do mundo
o uno do junto
o sulco do impulso

zero

o zero é o
buraco de deus
onde ele é autor ou negado
o zero é o
silêncio do verbo
onde ele é lei ou condenado
o zero é o
ovo de colombo
onde ele é origem ou de novo
o zero é o
destino onde ele é escrito ou descrido
o zero é o
arbítrio
onde ele é atributo ou equívoco
o zero é o
desejo
onde ele é agido ou falado
o zero é o
meio
onde ele é processo ou acabado
o zero é o
vazio – e o vício
onde sou eu ou tragado

expiração

palavra é alma
alma é ar
o poema é ar-te

microgênese

para Haroldo de Campos

do sopro ao mundo
(à luz dê forma)
voou o verbo
por um segundo
eco de tudo
(*quasi diz tudo*)

o mito
Costumo voltar eternamente ao Eterno Regresso
J.L. Borges

       a vida
       que deu
       nos deus
       :

       arquétipos e repetição
       a renovação do tempo

       infelicidade e história
       o terror da história

do eterno retorno

ao caçador de fósseis

despachadas as cartas e o telegrama
caminha por ruas indefinidas

hão-de mesmo flutuar
a tristeza anda no ar,
e mais cansa os carregões

assim, meu pobre livro as asas larga
neste oceano sem fim, sombrio, eterno...

esta selva selvagem, densa e áspera

(mas
a Grécia conquistada, por sua vez,
conquistou seu vencedor
e introduziu as artes no Lácio selvagem)

quando penso que tudo que cresce
atinge a perfeição só por um momento
gloria-se de seiva e no ápice decresce,

o sol caminha sobre os escombros
do que digo

rótulo

poemas, estrofes, versos, rimas,
tudo que sinto faço e penso,
em nada vale às obras-primas

(mancebos desgraçados
que o inepto aplauso público seduz)

o assalto de séculos do vento
contra a vertical paciência da taipa

(há escritores baixos, farsantes,
sombrios mistificadores)

a necedade é muito difícil de exterminar,
pois, como planta nociva, vai reproduzindo

paixão:
dos suicidas sem explicação

fu(tu)ro

não ter palavras
é gritar num país de futuro
não ter importância
é buraco cavado (a penas duras)
no furo

notas

"De Carne e Osso": Os versos entre parênteses são de João Cabral de Melo Neto, no livro *O Auto do Frade*, Rio de Janeiro, 1984.

"Inventário": Poema construído a partir, principalmente, de palavras e expressões coloquiais relacionadas no livro *O Estigma do Passivo Sexual: Um Símbolo de Estigma no Discurso Cotidiano*, do sociólogo Michel Misse, Rio de Janeiro, 1979.

"Zombaria": Tradução de versos de James Joyce, integrantes do poema "Bahnhofstrasse", do livro *Pomes Penyeach*, Paris, 1927.

"Concrescere": O haicai entre parênteses é de Pedro Xisto, no livro *Partículas*, São Paulo, 1984.

"O Mito": Os quatro versos finais são títulos das seções do livro *Le Mythe de l'éternel retour*, de Mircea Eliade, Paris, 1969.

"Ao Caçador de Fósseis": poema-*collage* de citações:
1. Jorge Luis Borges, "El Forastero" ("Despachada las cartas y el telegrama / Camina por calles indefinidas").
2. Do *She Keng* (*O Livro dos Cantares*), poema "Carros em Marcha", tradução de Joaquim Guerra, S.J., Macau, 1979.
3. Castro Alves, de "Dedicatória", no livro *Espumas Flutuantes*, Salvador, 1870.
4. Dante Alighieri, "O Inferno", verso 52 ("Questa selva selvaggia ed aspra e forte").
5. Horácio ("Graecia capta ferum victorem vicit / et artes intulit agresti Latio").
6. A partir de versos do soneto 15 de Shakespeare ("When I consider every thing that grows / Holds in perfection but a little moment [...] Vaunt in their youthful sap, at height decrease").
7. Octavio Paz, no livro *Pasado en Claro* ("El sol camina sobre los escombros / de lo que digo"), Cidade do México, 1975.
8. Emílio de Menezes, versos de "Carta Expressa" (descontinuados).
9. Olavo Bilac, do poema "Cartas Chinesas" (I), São Paulo, 1887.
10. A partir de versos de Octavio Paz, em *Pasado en Claro* ("El asalto de siglos del baniano / contra la vertical paciencia de la tapia").
11. A partir de Lautréamont (em versão para o espanhol de Braulio Arenas), *Poesias – Prefacio a un Libro Futuro*.
12. D. Antonio de Trueba, de "A Inarco Celenio", em *El Libro de los Cantares*, 1860, Leipzig ("la necedad / es muy difícil de esterminar, / pues como planta / nociva, va / reproduciéndose / que es por demás?")
13. A partir de Manuel Bandeira, em "O Último Poema", no livro *Libertinagem*, 1930.

fiz o que quis
lês o que vi
déjà

o bagatelista (1985)

resto à vista
bagaco de po'mas:
pechincha
baganas do bardo
sobras de papel
barganha
baga-telista

balbucio

mas
tigo
com'um
quase
-digo:
di
giro
lás
ti
mas

tênue   (dígito:

          torvelinho
          de linhas
          abismal
          girolas

mácula)   eu

ideia confusa

índice:
identidade
difusa

palavrório
mascar bis coitos
mascate
biscate
o poeta vendo
puto
(bisar) iria
venéreo

e o verbo se fez
claro
na casa do
fal(h)o

e o verbo se fez
claro
na casa do
fal(h)o

poema precipitado
iludido
placebo
do que seria
tido

     minha sina
     o signo
     desen
            sina

  Na minha dor quebram-se espadas de ânsia

            (signa:)

        me sine

caleidoscópia

para Pérola Wajnsztejn

pedra-vinho:
vibrilhos,
néctares,
ninho;
resíduo,
desígnios

o escriba em mim
apesar de nada
(fac-símile pálida)
blanc de blancs
factício

longe
sonhlennon
johno

two minds
one destiny

o tempo todo
de fio a pavio:
passa o vazio
de um

salto

como um certo amor passado:
sem que tenha sido
não passará
nunc

redi(

sangue-do-diabo
des
    tinto

)vivo

palavra

cor

    roída

calar

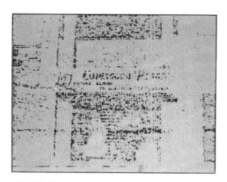

```
poema fantasma
        fantasia
pó
        e asma
```

(este escrito:)
falta

      desertar do deserto
                      fala
      mais que a suspensão da
      o menos especular da
      ɐʇlɐɟ
(desreto)

reduzir a vida
a traço
traçar
con
trastes

sem **nuanças**

(refundição:)
VIA REDUZIDA

complexo

delírio à tona
belladona
alucinação
ciúmes
hyoscyamus
mania furiosa
estrabismo
stramonium

homeopático

à loucura
esta dose: ardil
mais que diluída
um antídoto
c1000

aqui o
verso
ato
lou

(sem cura)

cavar água
contaminada
corroer o fundo
com mão imune
ou morta
(conta menos que o
                nada)

sem

poço
sem

poço
sem

poço
sem

poço
sem

poço

tudo para que surja na memória
intacto
um negado grão
no vão da história
(suja)

a verdade

caída
pelo cadafalso
minha cara

em falso

(covarde)

mergulhar
o   o ar no
  espehlo

enfiar
a c a no
 buraco

he sido y soy

dia duplo

a imagem da esfera de um
relógio tal como se reflete em
um espelho com três colinas e
três vales, os ponteiros de
horas completam uma volta
ao cabo de 24 horas

to

(pulo do) tem   nəliq ɐʇə

od

(léxico exumado
duplicado em xerox)

dilutoner®

por um minuto
pleniluz

o branco
circunda

●

a nódoa
gérmen

●

n'alvura o nada
como um furo
n'água

曚

朧

lusco-fusco

arrancar
prematuro
da *alegria*
o ag'ra
futuro

o único partido na pilha de discos
(something for nothing)

371   o bagatelista

citações: Mário de Sá-Carneiro
            Jorge Luis Borges
            Haroldo de Campos
            Severo Sarduy

notas: 1. o poema "O Único Partido na Pilha de Discos" foi apresentado, na edição original, como encarte em cartão, encaixado na orelha do volume.
            2. relaciona-se, também, a *O Bagatelista* o poema visual "Mudo", incluído na página 407 desta edição, reproduzido, originalmente, no convite para o lançamento do livro.
            3. As fotografias de "O Único Partido na Pilha de Discos" e "Mudo" são de autoria de Luiz Sergio Modesto (1985).

primitipo (1982)

IPY:
princípyo

(dos dizerres que o poeta aprendiz:)

SEG /

        ousar

            pousar

              fundo

              no

              mundo

              num

            segundo;
                ido

                  LINDO

etrifico꘎

POEMA PÓ

DE LASCAR

O AR

DE-CART

EM

PRIMI

TIPO

VOÇO

꘎retifico

primitipo

RESKLAR NUMA VAGA LAGRIMO W : IVD :
E

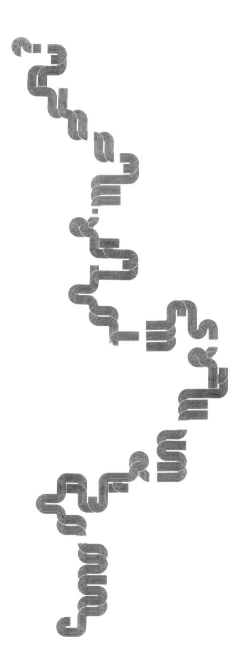

381   primitipo

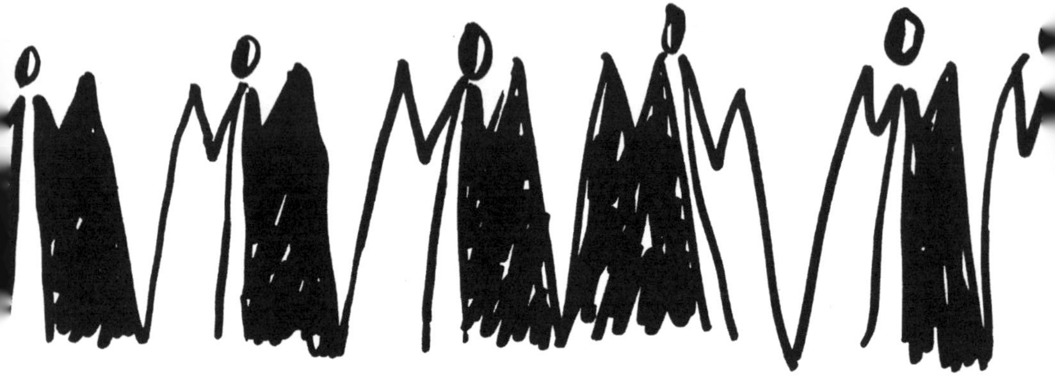

383   primitipo

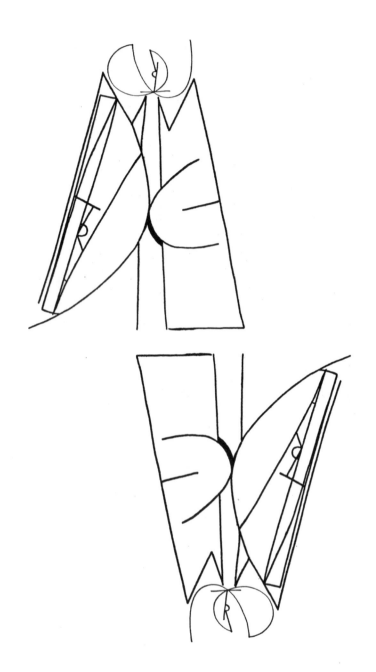

385   primitipo

o

rádio

que te

parte

irá

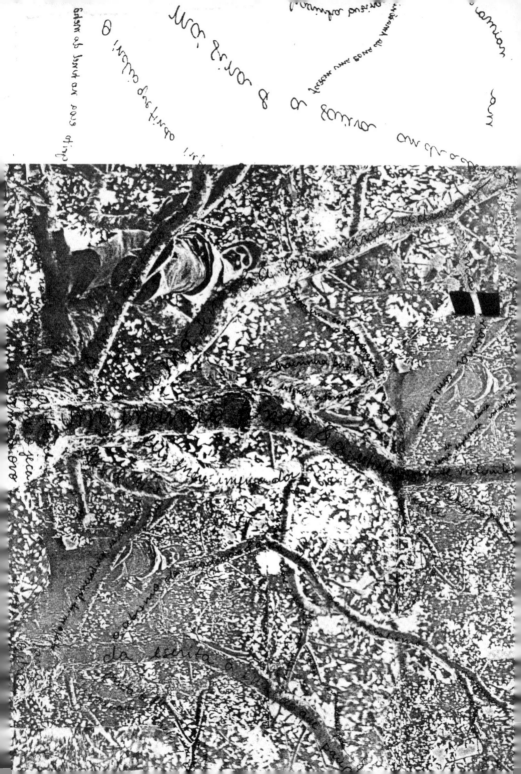

primitipo

neu
neua

primitipo

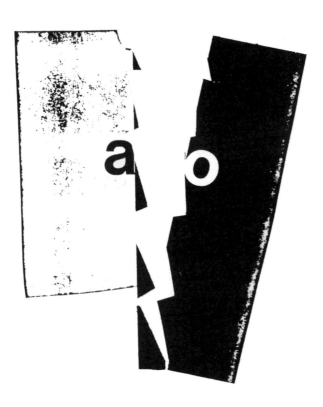

PÔR O SOL
SOLEVAR
POEIRA

SOAR
SOLAR
SOLETRAR
SOLEIRA

ESTRELA

ESTREMAM-SE
ESTRELAS
(RECANTO)

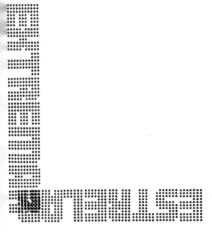

vivo

infini

[há

de-vir

enfim.]

tivo

volve-se

vivo

infini

[há

AGUAURA

AGOURO AURORA AGORA

primitipo

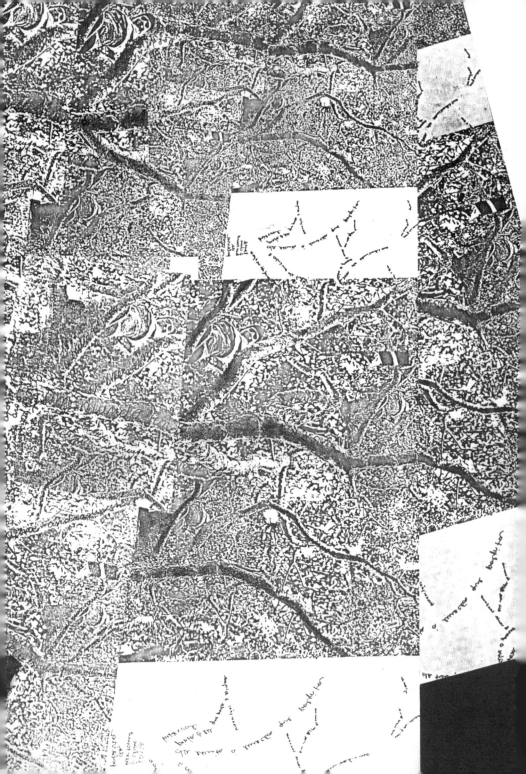

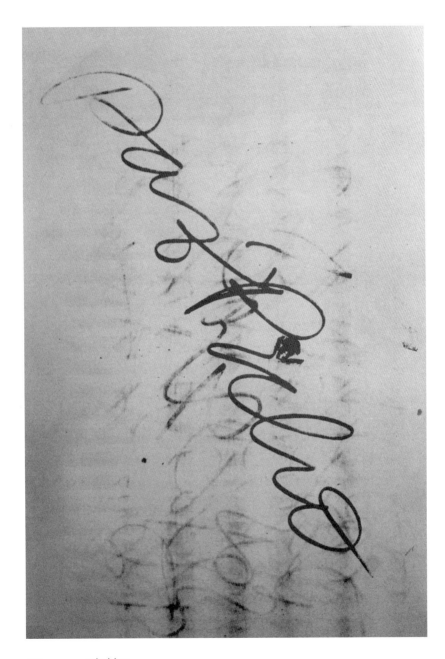

399 primitipo

> Como a páginas já relidas, vergo
> Minha atenção sobre quem fui de mim,
> E nada de verdade em mim albergo
> Salvo uma ânsia sem princípio ou fim.
> (Fernando Pessoa)

reminiscências de mim
expiro espirais do tempo
que rola no rio d'infância
podre hoje prosaico vício
megalópole
fim de reino reinício des
reifico este estrume
com um umê
atirado a tempos para
além dos tempos imêmores
janto ancestral as migalhas
do ritual
meu presente é como se
comesse o meu ontem ontem
como que sobras do vento
masco fragmentos de eco
faíscas de chama-incêndio
revérbero do que no
nunca FOI
restos do carbono espectro
esperança de barco furado
pescoço de enchente
solidão de cercado
agarro-me ao gesto do nado
e ao nada do gesto
numa infinidão de passado
de passado

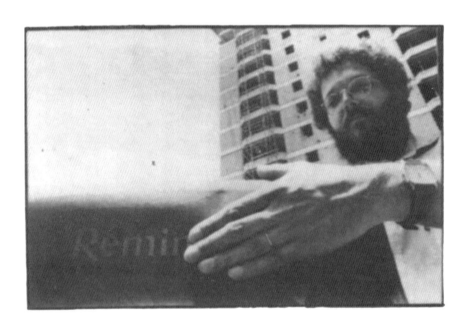

adendo (poemas esparsos)

mudo
(1985)

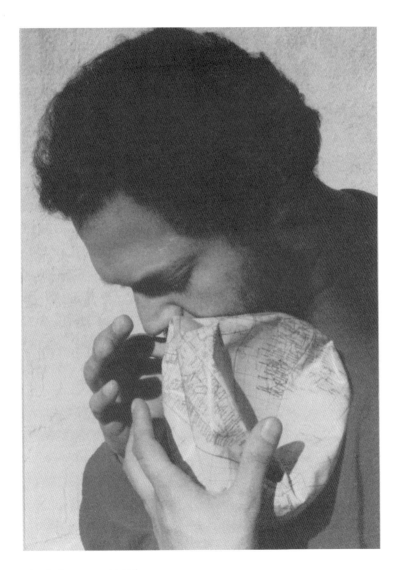

adendo (poemas esparsos)

quark-s
(2001)

Three quarks for Muster Mark

409   adendo (poemas esparsos)

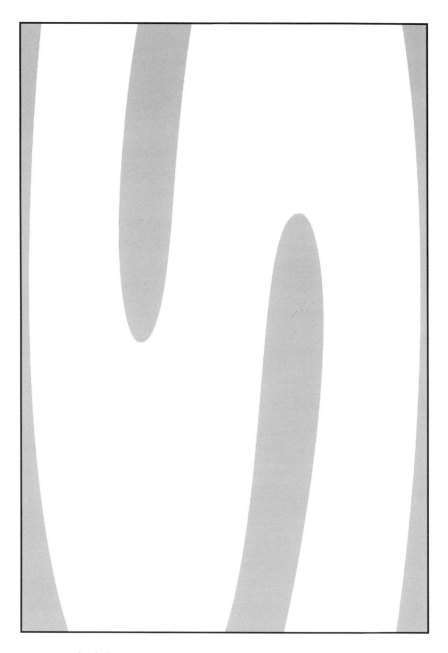

411   adendo (poemas esparsos)

Nota Explicativa

O poema cita frase de *Finnegans Wake*, de James Joyce[1], da qual o físico Murray Gell-Mann extraiu o nome "quarks", adotado para as "entidades elementares" – cuja existência postulou – que compõem os "hadríons", um dos dois grandes grupos sobre os quais recaem todas as partículas subatômicas existentes (o outro é o grupo dos "léptons"). Utilizando um procedimento que combina um padrão matemático elementar de repetição e de simetria (tendo-se como base os números 3 e 4, este uma referência ao "ciclo quadripartido" sobre o qual se constrói a composição joyciana) à arbitrariedade, o poema alude, de certa forma, ao método palimpséstico e combinatório utilizado por Joyce em seu romance, reescrevendo e transformando uma frase (associada a lacunas e elementos autônomos) rumo a uma situação de síntese, recorrência e unidade[2] ; evoca, também, alguns aspectos suscitados pela física contemporânea, buscando relacionar os dois universos[3]. Em sua construção – que envolve a rotação (marcada por estágios de ângulos determinados: 10, 30, 90 e 270 graus) e a transmutação de um elemento (o "s") em uma representação visual de uma onda (simetricamente especular ao "s" anterior) – ocorrem referências metafóricas (ainda que com limitações próprias da natureza da composição) ligadas a conceitos físicos cujas indicações se dão aqui por meio de citações[4]:

"[...] o mundo subatômico afigura-se como uma teia de relações entre as diversas partes de um todo unificado [...]". "[...] é um mundo de ritmo, movimento e mudança contínua."

"No nível atômico, a matéria tem um aspecto dual, manifestando-se como partículas e como ondas". "Esse aspecto dual da matéria e da radiação é [...] bastante surpreendente e deu origem [...] à formulação da teoria quântica."

"[...] a representação como partícula e a representação como onda [são] duas descrições complementares da mesma realidade [...] ambas podem ser aplicadas somente dentro das limitações estabelecidas pelo princípio da incerteza."

"[...] conceitos de simetria e conservação são [...] considerados extremamente úteis para expressar as regularidades do mundo das partículas."

"[...] a maioria dessas regularidades [pode] ser representada de forma bastante simples se assumirmos que todos os hadríons são feitos de [...] 'quarks'."

"Num certo sentido, o 'spin'* de uma partícula é uma rotação da partícula em torno de seu próprio eixo [...]"

"[...] dois elétrons rodopiando em sentidos opostos [...] à medida que [as partículas] se distanciam em sentidos opostos, seu spin combinado permanecerá igual a zero [...]"

"A estrutura que parece ser a mais adequada para a descrição dos hadríons e de suas interações é a chamada 'teoria da matriz S'."
"Enquanto no modelo quark as partículas são concebidas, essencialmente, como bolas de bilhar que contêm bolas de bilhar menores, a abordagem por intemédio da matriz S, sendo holística e totalmente dinâmica, concebe as partículas como padrões de energia inter-relacionados num processo universal contínuo; como correlações, ou interconexões, entre várias partes de uma teia cósmica inseparável". [...]
"[A teoria da matriz S] Descreve o mundo das partículas subatômicas como uma rede dinâmica de eventos e enfatiza a mudança e a transformação [...]."
"Nas teorias das cordas [corpo de ideias em desenvolvimento que busca ser a teoria unificada da física], o que fora previamente pensado como partículas é encarado como ondas se deslocando corda abaixo, como ondas numa corda vibrante [...]."

(1) A frase referida é, na verdade, o primeiro verso da canção das gaivotas, que abre o quarto capítulo do livro II de FW (p. 383). James Joyce, *Finnegans Wake*, London: Faber & Faber, 1939 / New York: Viking, 1939.
(2) "Essas várias quedas [a queda do pedreiro Finnegan de uma escada – dado como morto e que revive por ação de whisky derramado sobre seu corpo durante seu velório, tema de canção tradicional irlandesa da qual Joyce retira o título de sua obra – e correspondentes simbólicos dessa queda, como a queda de Lúcifer e de Adão] (implicando, todas elas, correspondentes ressurreições) causam uma libertação de energia que mantém o universo a girar como um redemoinho, e fornecem a dinâmica que põe em movimento o ciclo quadripartido da história universal". A citação provém de: "Introdução a um assunto estranho", em Augusto e Haroldo de Campos, *Panaroma do Finnegans Wake*, São Paulo: Perspectiva, 1971. (O texto é tradução de Augusto de Campos para a introdução de: Joseph Campbell e Henry Morton Robinson, *A Skeleton Key to Finnegans Wake*, New York: Harcourt Brace, 1946.)
(3) "[...] pode-se dizer que o livro [*Finnegans Wake*] é, todo ele, uma tensão de antagonismos mutuamente suplementares [...]; estes, por sua atração, por seus conflitos e repulsões, proporcionam as energias polares que fazem girar o universo." (Ib.)
(4) Fonte das citações (com exceção da 3 e da 11): Fritjof Capra, *O Tao da Física*, trad. José Fernandes Dias, São Paulo: Cultrix, 1983.
Fonte das cit. 3 e 11: Stephen Hawking, *Uma Breve História do Tempo*, trad. Maria H. Torres, Rio de Janeiro: Rocco, 1989.

adendo (poemas esparsos)

ND
fusões
(2002-2003)

bolhestrelas

adendo (poemas esparsos)

asfAlto

pedrapães

lado 0
(antecedentes musicais: a voz longínqua)
(2002)

sobre a poesia
do autor

como tipografar
ou
como duplicar o como
ou
"totem da verdade caído por terra"
ou
no fundo, tudo é o seu avesso afirmativo

Susanna Busato

Marcelo Tápia, desde seu *Primitipo*, de 1982, passando por *O Bagatelista*, de 1985, por *Rótulo*, de 1990, ousando no inventivo conto de *Livro Aberto*, de 1991, adensando-se na *Pedra Volátil*, de 1996, e se encontrando novamente em *Valor de Uso*, de 2009, percorre um gesto que fere, a cada livro, essa zona de conforto que une a palavra ao seu objeto, e cria para nós uma certeza nada branda das coisas, pois revela, no seu negativo, o viés de tudo, gerando em nós o conflito, objetivo da arte que sabe a que veio.

A poesia de Marcelo alimenta-se do grafar, da pedra que risca e deixa sua marca nas coisas. Marca de uso, de pensamento, de memória, de experiência, de desejo, de cansaço e de reflexão. Ao longo dos livros, o poeta se indaga e ironiza, critica e erotiza a palavra posta no mundo em completo desassossego. E, nesse movimento, a obra do poeta nos questiona:

- Poesia: um inutensílio levado ao seu limite?
- Qual seu o valor de uso?

- Você lê poesia pelo rótulo?
- A poesia é o primitivo tipo do mundo?
- Mas se poesia for aquilo que resta neste mundo, depois de um dia de trabalho, de um inferno astral no trânsito, ela seria uma simples... bagatela ou seria ela a presença nada branda de nós mesmos?

A poesia de Marcelo Tápia ousa responder a tudo isso no seu gesto de imprimir-se como pedra volátil que grafa a flor do poema na flor imaginada do grafema. É nesse risco que o poeta faz correr a língua do poema. No tipo impresso, "a trama se tece através do rastro". O roteiro desse rastro perseguimos como a um eco, como a um silêncio, também de pedra, memória: como "pontos postos para/ contar repedra que/ brada".

Marcelo Tápia é um poeta que sabe que os valores de uso da palavra são uma viagem sem volta. A poesia também se agita na era da reprodução compulsória de tudo e se posiciona:

> [...]
> nestes tempos de reproduções
> mesmo as palavras, mesmo as ações
> o que se diz, o que se faz
> ora é ora não é ou é o que se faz o que se diz
>
> cada coisa que se denomina
> pode ser o simulacro do que se designa
> ou o que se resigna com o simulado:
> o verbo sublimado e recondensado em significado
> ("Essência Falsa", supra, p. 251)

No contexto em que vivemos, da imitação, da emulação, da cópia, como situar-se sem se deixar apagar? "Ondeio" é um poema que sugere um movimento sinuoso e insinuante, que a poesia aponta como uma procura do sujeito por inserir-se e encontrar-se como possibilidade de existência única. O título, além de sugerir o substantivo que indica a ação de ondear-se, é também a ação do sujeito: "eu ondeio", eu me movimento sinuosamente no espaço poético e o recrio ao indagar o "como" (supra, p. 176).

Ao perguntar como "restar-se", "inscrever", "riscar" e "manter-se onda", o sujeito manifesta seu desejo de ousar marcar sua presença no mundo. E para que sua *hýbris* se cumpra, insinua-se ironicamente, jocosamente, eroticamente, graficamente, como palavra e risco no espaço poético que vai criando. É deste mundo cotidiano que a poesia de Marcelo Tápia emerge e choca, ao evidenciar um cotidiano que beira o nada. Vida que se vê pelo avesso, ou melhor, vida que se vê de través... retilínea... Como em "Segunda Classe": "de manhã / média com pão e manteiga / [...] / rádio ligado / em ondas médias / [...] / um coito de meia hora / [...]"(supra, p. 282).

Mas é por via também da viagem do pensamento pelas palavras que a reflexão sobre o próprio fazer poético representa sua consciência aguda e agônica, como, por exemplo, em "Algo Para Nada", de *Valor de Uso*, de 2009, poema composto de sete partes que vão tecendo o questionamento do poeta diante de seu destino. A palavra "nada" do título chama a atenção para a inutilidade a que se destina a poesia. Um "inutensílio" carregado de más intenções. A voz que fala nos versos iniciais do poema ecoa, como memória, a tradição sempre nova da poesia clássica: são os versos de Arquíloco da epígrafe inicial que irão servir de motivo a gerar a imagem do poeta em busca (Parte I, supra, p. 125).

É, portanto, a busca constante desse sujeito que o faz refletir sobre sua função e seu poder de criar a mentira que encanta. Ao constatar depois, na quinta parte do poema, a relatividade do tempo e da vida e seu fado, o sujeito submerge ao questionamento de seu destino solitário, pois "a vida/ vai – e se vai" a despeito do poeta, cujos propósitos ele mesmo constata numa pergunta retórica:

> Os desígnios se cumpriram
> a despeito de sua vontade?
> De minha vontade? Ou, não
> sendo desígnios, apenas se
> cumpriram sem dar a mínima
> aos seus e aos meus propósitos,
> que nada são e nada serão?
>
> (Parte v, supra, p. 129)

Se os seus desígnios nada serão, seu papel está fadado ao nada (eis o fado que faz com que os "males / ora caiam sobre / um, ora sobre outro; / vêm e vão como / as ondas, ora / benéficas, ora funestas."). Esse questionamento sobre a função do poeta e/ou da poesia renova a invenção que se faz de seu próprio desígnio: "Sem nada que me envolva, / invento o vago a que me entrego" (Parte VII, supra, p. 131).

O jogo final do poema entre o "ser" e o "não-ser" e entre o "ser-/ virei" e o "virei, a não ser" intensifica essa "permanência" e "ausência" da figura do sujeito poético como o demiurgo de sua fala, como o avatar do poeta em cena, que, depois de muito servir às musas e aos deuses, sente-se fadado ao nada de sua existência, pois, invenção que é de si mesmo, não tem outro desígnio que o de cumprir um papel, sua *hýbris* salvadora, o de ser poeta (ainda que este destino seja maldito). Impossível não lembrar do sujeito poético que, no Canto I da *Divina Comédia*, de Dante Alighieri, no meio do caminho, pela selva escura, e em meio ao assombro do encontro com a pantera que lhe impede o avanço pela paisagem, encontra o seu deus, o poeta Virgílio, que lhe vem atender a seus reclamos e se oferece para guiá-lo. Mas nem sequer em um deus ou em um poeta tem o sujeito de *Valor de Uso* o consolo, mas tão somente no verso logopaico de sua expressão mais íntima: o tal "consolo metalinguístico", de que fala o poeta Paulo Henriques Brito, em seu livro *As Formas do Nada*.

Mas é lá, em meio ao inferno de seu presente, que o sujeito vislumbra seu drama com a clarividência com que só a poesia consegue oferecer na escuridão em que se encontra. O sujeito do poema, marcado pela falta, num instante de reflexão aguda, se dá conta de sua presença inútil num mundo ensimesmado, resignado e fugitivo "sob a paz das cortinas/ à pálpebra cerrada", como afirma Carlos Drummond de Andrade, em seu poema *Elefante*.

Por isso é que *Valor de Uso* vem cantar essa descoberta da ausência do sujeito, que se sabe mas se engana, porque num mundo de moucos, como som, ele é poeira; esvai-se no momento da emissão; eco que se precipita deixando o objeto de que parte emudecido. E é assim que o poeta vê/sente/ouve a palavra, como uma "Mística da Linguagem" (supra, p. 161).

O desígnio do poeta já havia sido representado no livro *Rótulo* (1990), num dos últimos poemas do livro, "O Mito", "Do Eterno Retorno" (supra, p. 324).

Nesse contexto, o poema visual "Copiadora Plágio", de *O Bagatelista* (1985), repete o gesto do esvanecimento do objeto de uso pela imagem repetida, como "estátua falsa", pichação do poema a citar outro poema na memória deste (o de Mário de Sá-Carneiro). O poema torna-se um gesto crítico que doura, aos olhos do leitor, o falso ouro do poema e do mundo, e que desautomatiza o achado do letreiro, concretizando na imagem repetida as sombras do objeto e a "tristeza das coisas que não foram", verso de "Estátua Falsa", de Mário de Sá-Carneiro, que se faz ouvir aqui. É bem como diz no poema da página ao lado, em *O Bagatelista*: "poema fantasma / fantasia / pó / e asma". Poema pó? Ou: "poema precipitado / iludido / placebo / do que seria / tido"?

É assim que Marcelo Tápia vai riscando irônica e eroticamente o roteiro das formas e ousando a viagem pela fenda que abre nas palavras e nos versos de "Acaso" (supra, p. 305): Ou, ainda, construindo o olhar irônico frente a um mundo retilíneo, pela repetição, aprendida nesse mesmo mundo, como em "O Reto" (supra, p. 238).

    Livro Aberto (1991) vem unir-se ao percurso do poeta como um objeto-livro complexo, em termos de leitura, de estrutura e de tema. Nele aglutina-se o homem em seu nexo de sexo e fuga, de ausência e espelho, desejo de reverberar-se no outro, de ser o que deseja, um rapto que se alinha no escuro buraco do livro. Na trama, a imagem do elevador reporta a um espaço que circunscreve a unidade desse drama em um único ato, com cinco personagens e um narrador, todos espacial e geometricamente situados na página, cujas vozes são entrecortadas por vozes de outros textos, numa colagem que vai adensando o universo semântico e de pensamento e do desejo de cada um, inclusive o do narrador, cuja presença poética é como a linha da trama da qual vai sendo cúmplice. O corte retangular na capa negra do livro avança para as suas páginas e lança-nos de forma sedutora para dentro, para o fundo desse espaço que se abre, para a metáfora do abismo de todos nós. O elevador indiciado no discurso da narrativa figurativiza-se concretamente no corte e atua como uma paronomásia visual, pois eleva a dor de cada personagem no instante único do encontro às escuras, por uma causalidade do destino cotidiano, no meio do mundo, no meio do tempo entre um andar e outro, no meio da vida, entre um desejo e um tormento e outro.

    Drama encenado em linhas oblíquas de pensamento, estrutura pensada em uma dinâmica de teatro e poesia. Narrativa cinzelada pelo corte da página que insiste no enigma de cada um e no destino anunciado pela ausência da luz impressa no negro da capa e no fundo do abismo do retângulo, ao centro de cada página. Mergulhados ficamos na leitura que a tudo está atenta. As vozes se sucedem alinearmente num ritmo de drama policial, perseguição psicológica que nos incomoda, por não evidenciar se as ações estão, de fato, acontecendo ou se seriam fruto de uma zona de pensamento que uniria todos ali dentro, por força de um destino imutável. Fadados ao desejo pelo outro como desafio e fuga de uma condição presente incômoda, são todos náufragos de sua viagem, engolidos pelo buraco negro do destino do cotidiano avassalador, imagem do elevador suspenso no tempo, desenhando um espaço mítico da condição humana e de sua tragédia. Mais do que um conto, *Livro Aberto* é poesia, é invenção.

Ler a poesia de Marcelo Tápia não é tarefa fácil. E a razão disso está na necessária entrega do leitor ao livro. Um jogo de devoração mútua. Num instante o leitor já não se sabe, pois ele acaba sendo o livro. A poesia de Marcelo se oferece assim ao leitor: como um mar que se abre em ondas, a cada poema, como uma dobra que seduz pelo jogo do pensamento entre o falso e o verdadeiro do mundo, das palavras e das coisas, tensão que não se resolve.

Refusões – reunião de uma poesia orientada pela perspectiva do "ondeio", conforme anunciado pelo autor em sua introdução ao trabalho – é o livro que vem, afinal, abraçar em ondas a obra toda, de um agora para um já-ido. (Ao contrário deste texto, que percorreu sentido inverso.) O "ondeio" é a sina do navegante no mar da poesia feita de espirais, como se numa dessas conchas que a generosidade das profundezas atira ao acaso e no interior da qual o tempo expira em cada volta timpânica, da mais próxima à mais longínqua, o poeta fosse auscultar a poesia da memória. Navegar na pauta dessa poesia é caminhar para o abismo de um pensamento sobre o tempo, o da memória da origem de quem sabe deslocar-se no espaço e entrever nos intervalos da cidade, por exemplo, a persistência cega de um cãozinho ao meio-fio de sua própria vida ou, ainda, a paisagem persistente do simulacro das formas na abissal descrição dos objetos de convívio e dos lugares de passagem, como a percorrer nas curvas do outro em si mesmo, este elemento do corpo, este eu dissoluto suspenso no flagrante de quem o pensa – um eu sobre um outro-eu-mesmo.

O volume *Refusões* (que são tanto "novas fusões" como "recusas") sabe que o paradoxo da existência requer a ironia como arma. E Marcelo Tápia sabe como manejar a lança da palavra e a desfere exemplarmente nessa memória antropofágica do nome de si mesmo para saciar a fome da origem: "'só os tapuias se comem uns aos outros'" ("Catábase", poema em prosa da série Eu e os Outros, supra p. 117). Ou seja, no roteiro a que se lança esse eu que se consome na origem da história e da casa paterna (o delicioso poema "caligrama caipira" adverte e acende o fogo mítico da origem que aloja as sombras de um eu em "cópias de si mesmo"), performatiza o sujeito sua descida aos infernos (suas espirais íntimas), para conhecer-se junto a um eu que se autopersegue nas "expirais" do tempo, como se no trajeto procurasse ouvir a si mesmo a se engolir no quase-sem-tempo do efêmero, tal qual um cioso "arquiteto de ruínas" dos "fragmentos des / colados / de mares idos" e das "conchas ocas / que re / colho na areia".

É a poesia que emerge como onda no flagrante final de *Refusões*. Do sujeito sabemos pouco, afinal seu sentido está justamente em ser, tal qual um Ulisses que navega sem saber "onde vai aportar", não um discurso de si mesmo, mas um silêncio, pura descoberta que se aprende "recolhendo o delírio" "entre o chão vil / e o inatingível céu". O leitor irá saber sentir o sabor do sal das palavras no naufrágio necessário desta poesia.

A lição de poesia que emerge da leitura de *Refusões*, de Marcelo Tápia, assevera que: antes de mais nada, é preciso questionar; antes de tudo, é preciso duvidar. Primeiro de tudo é preciso imprimir o tipo gráfico no espaço, a marca, o traço, o rastro, daquilo em que se acredita como memória. Depois, desenhar na folha o presente em extinção. Como serpente, no poema disfarçar-se. Saber que no disfarce seu caráter volátil se insinua. Como é afiada no golpe, é certa no alvo. É crítica de si mesma, e sabe que, sendo poesia é, antes de tudo, plágio de si própria, tradução, rasura, ironia que aponta para a sua própria morte em pleno voo e para a sua ressurreição em pleno abismo.

    A poesia de Marcelo nos ensina a ler/ser uma Fênix que floresce no olho de tigre do poeta cravado em sua presa. Em outras palavras, a poesia de Marcelo Tápia é memória-poesia que não se finda, mas que é ainda, a cada lance de olhar, o veneno e seu antídoto.

a poesia do aedo
Jaa Torrano

Ao ouvir o grego arcaico dos hexâmetros de Homero cantados na voz vibrante de Marcelo Tápia, constatei que vivemos ainda em tempo de ouvir o aedo, e que, por isso, não chegamos nem demasiado tarde para os Deuses, nem demasiado cedo para o Ser.

Ao ler os novos poemas deste novo livro em que Marcelo Tápia refunde sua poesia, constatei que se dá um empate entre esta poesia e a aposta que Sócrates afirma ter feito nos argumentos como o lugar próprio para investigar a verdade dos seres. Dessa aposta, diz Sócrates:

> Quando renunciei a observar as coisas, pareceu-me que fosse necessário acautelar-me para não sofrer o mesmo que quem vê e observa o eclipse do sol, pois alguns perdem a vista se não observam a imagem dele na água ou alhures. Assim pensei e temi ficar completamente cego da alma por olhar as coisas com os olhos e tentar atingi--las com cada um dos sentidos. Pareceu-me ser necessário refugiar-me nos argumentos e observar neles a verdade

dos seres. Talvez esta comparação não seja conveniente, pois não concordo de modo algum que quem observa as coisas nos argumentos o faça em imagens mais do que quem as observe nos fatos. Em todo caso, comecei assim, e tomando cada vez o argumento que julgo mais sólido, o que me parece concordar com ele tomo como verdade, tanto das causas quanto de todas as outras coisas, e o que não concorda, não tomo como verdade. (Platão, *Fédon*, 99d-100a.)

Dá-se o empate entre a aposta de Sócrates e a poesia quando a poesia se torna o lugar inespacial do exame em que nos surpreende a verdade dos seres. Intensivo e inextenso, esse lugar se faz necessário, porque "é mais difícil abdicar do canto /que do ar que anima o corpo / e deixa que as palavras sejam ditas, / quais forem elas" ("Pseudoparnaso", p. 13).

Habitantes e transeuntes desta poesia de nosso aedo, os seres e verdades quase são tantos e tão diversos e variados quantos quaisquer outros alheios à poesia – quase são, por serem mais ontológicos e verdadeiros. Poderíamos inventariá-los, mas não tiraremos do leitor a intrepidez de enfrentá-los face a face como ante um Nume por descobrir-se e reconhecer.

conhecer marcelo tápia
Antonio Vicente Pietroforte

Conheci o Marcelo Tápia na FFLCH-USP faz bastante tempo; meu amigo Tápia é, sem dúvida, uma das pessoas que mais têm trabalhado, em nossa geração, pela poesia brasileira e pela área de Letras. Em 2009, quando eu e o Vanderley Mendonça fazíamos o selo [e]xperimental, na editora Annablume, publicamos o seu livro *Valor de Uso*; para falar do livro, escolho o poema de que gosto mais, "A Princesa e o Viandante" (supra, p. 199). Creio que seja, para mim, um dos melhores poemas do Marcelo.

Em 1982, no livro *Primitipo*, a sua poesia era diferente, como no poema "Ond".

O que "Ond" teria a ver com a "A Princesa e o Viandante", publicado dezessete anos depois? A Guerra de Troia durou menos tempo..., todavia, talvez seja justamente lá, em Troia, que os poemas se encontrem.

Embora ambientado na cidade – "à vida vã que a urbe lhe pariu" –, o mendigo viandante do poema remete a outro mendigo, esse vindo do mar. Marcelo está se referindo aos cantos finais da Odisseia, quando Ulisses, depois de vinte anos longe de Ítaca, sua terra natal, retorna disfarçado de mendigo para, depois de se certificar da fidelidade da esposa e matar seus pretendentes, ser reconhecido e tratado como rei.

Partindo de "OND" – entre outras ondas, uma onda do mar –, que mar Marcelo ondeou para chegar até "A Princesa e o Viandante"?

"Ond" é poema concreto, mas é também poema alexandrino: (1) em sua expressão visual, são traduzidos os modos de ser do mar – o poema, assim como o mar, é formado por ondas; (2) com suas doze sílabas poéticas, o verso "como ondear um mar sem tontear-me o onde?" é alexandrino perfeito.

Marcelo, enquanto poeta concreto, remete aos poetas alexandrinos ao compor "Ond", iconizando o mar semelhantemente a Símias de Rodes, autor do célebre poema "Ovo", citado com frequência pelos concretistas em suas referências à poesia visual de épocas passadas.

Alexandria... poesia grega... "Ond" pode ser aproximado do epigrama. Em sua origem, os epigramas são poemas concisos; "Ond", formado por apenas um verso, é bem conciso. Eis um epigrama de Empédocles, traduzido por José Paulo Paes:

> Pois em verdade eu já fui rapaz, já fui donzela
> Fui arbusto, pássaro, ardente peixe do mar.

Ou, então, o epigrama de Cláudio Ptolomeu, traduzido por Rodrigo Bravo:

> Sei ser efêmero e mortal, mas se procuro
> As órbitas precisas das estrelas,
> Não piso mais a terra e, par do próprio Zeus,
> Os deuses me saciam de ambrosia.

Símias pertence à poesia do período helenístico; Empédocles pertence ao período clássico; ao citar Ulisses em "A Princesa e o Viandante", Marcelo cita Homero, poeta do período arcaico. Ondeando a Grécia, ele é especialista, entre outras línguas, em grego; sua poesia vem daquele mar.

O poema "A Princesa e o Viandante" não é conciso; ele não é sintético-ideogramático, como "Ond"; ele é, diriam os concretistas, analítico-discursivo. Trata-se de cantiga ao sabor das cantigas do renascimento: são quartetos formados por decassílabos heroicos, com rimas *abab*, exceto a coda, que é sexteto com rimas *ababcc*. Para enaltecer seu mendigo, como faz a princesa, ele parece ter escolhido uma forma poética à altura da cena, vestindo-o também com versos dignos dos heróis.

Em princípio, Ulisses não seria personagem estranha em cantigas nas quais são citadas a poesia renascentista, ainda mais tratando-se do falso mendigo, representação, antes de tudo, de outro ardil do herói. O mendigo de Tápia também não chega a ser o contrário, em que o mendigo é disfarçado de herói. Não se trata de disfarce, mas de transubstanciação; seu viandante é dignificado como guerreiro a entrar nos Campos Elísios. A princesa, ao contrário de Circe, que transforma homens em porcos, rebaixando-os à condição de animais, transforma o mendigo-homem-porco-imundo em quase deus.

Trata-se da poesia de engajamento social? Com certeza, mas não poema meramente engajado, feito para desabafar. Ao falar de mendigos, Marcelo fala, antes de tudo, de literatura; em literatura de altíssimo nível, ele mostra o respeito que merece seu viandante.

Seria seu poema, na verdade, elegia? Trata-se de alegoria da morte? Seria o poema como são os contos de Andersen? Entre as muitas possibilidades de leitura, "A Princesa e o Viandante" é epifania de Ulisses; ele se manifesta no mendigo de rua em nossas cidades modernas.

Isso se deu não apenas na poesia do Marcelo; seus versos são memória ou previsão – isso não tem importância no mito – de um fato que se deu na cidade de São Paulo. Quem se lembra do Pelezão? Faz mais de década, na fila do Cetrem, o Pelezão, mendigo da rua, foi seduzido por uma psicóloga, que fez sexo com ele dentro do próprio carro, à vista de todos.

refusões
Aurora Bernardini

Bem escolhido, como – por sinal – todos, é o título desta reunião dos seis livros de poemas de Marcelo Tápia (com algumas alterações dos originais mais antigos). Em geral, os poetas gostam que suas obras sejam lidas cronologicamente, e os leitores também – isso dá-lhes o gosto de acompanhar a marcha da poética do autor. Embora na Introdução os poemas sejam explicados do começo para o fim, Marcelo, no livro, faz o inverso e, a meu ver, com muito êxito: o "indício de passado" que há em cada seu "amanhã", descoberto pelo leitor, comprova-se aos poucos e o leitor rejubila-se. Aliás, o inverso é um dos procedimentos-chave que se descobrem no livro e, a partir dos poemas mais recentes, é como se ele tivesse invertido a frase de Wittgenstein, "a filosofia deveria ser escrita mais como uma forma de poesia", e ela passasse a ser: *Poesie sollte ein wenig wie die Philosophie zusammengesetzt werden*. Sim, porque a maioria dos poemas são construídos como que em volta de um aforisma (ἀφορισμός, como o Marcelo diria) – uma breve frase que condensa um princípio específico ou um saber filosófico ou moral. Este, que nas coletâneas mais antigas – influência ou coincidência leminskiana? – se apresenta mais como "achado" (ex.: *são todos iguais/ cada um só pensa/ na própria diferença*) é , como o autor quer, um "eixo conceitual, uma quase-narrativa que se refaz em cada caso, por movimentos de *ondeio* à procura de um rumo..."

Mas não é apenas Leminski que Marcelo acompanha com "lógica-analógica coerência": ao mesmo tempo que centra o conceito, veste-o com a forma ora de Pessoa (*reminiscências de mim/ expiro espirais do tempo/ que rola no rio d'infância...*), ora de Nietzsche (*a arte torna suportável a visão da vida...*); ora de Kierkegaard (*o eu está em evolução a cada instante...*) etc. (procure-se nas notas explicativas, quando não nas dedicatórias), ou imprime-lhe magistralmente ritmos onomatopaicos: *línguas fa/ mintas dizem / verdades/ rel/ativas...* ("Catapingos"); *fechar// as/ comportas/ da/ fala/ e/ abrir/ nelas/ uma fresta...* ("Gotas"); *palavra é alma/ alma é ar/ o poema é ar-te* ("Expiração") etc.

Falando-se em aforisma, eixo ou centro, fica claro que a síntese é o procedimento metodológico preferido por Marcelo (que se visualiza inclusive nos grafismos: *Johno – two minds/ one destiny* ou na maravilhosa "Fórmula do Mar", em memória de Haroldo de Campos etc.), e o braço que gira em volta desse eixo ou centro vai desenhando figuras abstratas (alcance, concrescência, resistências, reticências, sonhos) e concretas (espirais, frestas, decalcos, conchas, faíscas, vento, areia e – principalmente – vasos: *o vaso antigo/ quebrou-se há muito/ mas eu o vejo/...* e o vaso abstrato (supra, p. 84), com o qual por enquanto finalizo, deliciada "com o elemento sensível da língua", que Marcelo não esqueceu.

o vagar nada vago
nas ondas de marcelo tápia

Rodrigo Bravo

Há quase três mil anos, no canto I da *Ilíada* – o primeiro poema da tradição literária Ocidental –, Homero nos presenteou com aquele que me atrevo a considerar o "primeiro verso de poesia concreta" composto na História:

(*Ilíada*, I, v. 34)

βῆ δ' ἀκέων παρὰ θῖνα πολυφλοίσβοιο θαλάσσης:
Mudo, ele vai à orla do mar retumbante

Seu contexto: Crises, o sacerdote de Apolo, tem sua filha raptada como escrava pelo cruel rei Agamenon; ele tenta reavê-la, e vai pessoalmente ao acampamento grego para implorar por sua devolução; o rei, movido pela soberbia, enxota o velho sacerdote e o ameaça; desolado e sem saída – senão a sempre providencial intervenção divina – Crises se afasta do acampamento amedrontado, caminhando sobre a areia da praia à orla do mar, quando reza para o deus Apolo, pedindo por vingança. A desolação de Crises e a realização de sua impotência diante da máquina de guerra grega são retratadas por Homero nesse único verso singelo e repleto de significado, capaz de poetizar engenhosamente e presentificar ao leitor a insignificância do homem perante o absurdo do mundo. Os dispositivos artísticos utilizados pelo poeta, nesse caso, são mais do que dignos de menção, de modo que os discrimino em linhas gerais, abaixo:

(i) o hexâmetro datílico grego, verso composto por seis pés dátilos (unidades métricas com uma sílaba longa e duas breves), que podem dar lugar a espondeus (com duas sílabas longas), pode ser dividido em duas partes: a primeira, que antecede a cesura, composta pela locução *bê d'akéon parà* (mudo, ele vai, à), e a segunda, composta pela locução *thîna polyphloísboio thalásses* (orla do mar retumbante). À primeira parte, de extensão métrica menor, cabe representar a figura de Crises, caminhando triste e angustiado; *mudo*, nas palavras de Homero. À segunda parte, por sua vez, de extensão métrica consideravelmente maior, cabe representar o pujante mar a se debater contra a orla da praia. O descompasso produzido entre as duas seções, por meio do silêncio da pausa interna do verso grego, possibilita a criação de um rico efeito de sentido. A enunciação do verso pelo rapsodo o presentifica quase que visualmente;

(ii) deixando o plano do verso e penetrando o do léxico e da fonologia, podemos ver o diminuto verbo *ir*, em grego *bê*, na terceira pessoa do presente indicativo, oposto à tonitroante expressão *polyphloísboio thalásses* (mar retumbante). Crises, presentificado por sua ação, situa-se numa ponta, reduzido e monossílabo, ao passo que o mar assoma com formidável jogo de consoantes líquidas, dentais, labiais e sibilantes, e de *clusters* vocálicos abertos e fechados, que construem a belíssima imagem acústica do vai e vem das ondas;

(iii) construídas as imagens acústicas tanto na esfera do ritmo quanto da matéria-prima verbal, Homero ainda insere mais uma camada de significado a seu verso. O mar aqui pode ser visto não simplesmente como adereço descritivo da poesia épica, mas como metáfora vívida para os poderes externos que nos governam, aparentemente absurdos, e que nos silenciam. Uma metáfora para a própria vida, e para o nosso mudo vagueio em suas vias, impotentes perante suas vicissitudes.

Da Grécia Arcaica aos nossos tempos, a figura do mar e da errância como metáforas para a vida e seu absurdo foi consagrada um *tópos* da literatura. O próprio Homero repete-a com a *Odisseia*; Virgílio imita o mestre e canta os errares de Eneias, de Troia à Roma, na *Eneida*; Fernando Pessoa nos avisa: "navegar é preciso, viver não é preciso"; e Herman Melville, pela boca de Ismael, narra-nos a história de Ahab em sua obsessiva caça à baleia Moby Dick, pelas incertas águas do Pacífico. Diante de tudo isso, é espantoso ver como um único verso foi capaz de inaugurar um dos fragmentos mais sólidos desse *conversar*, nos termos de Villém Flusser, que chamamos de cultura humana. Podemos dizer que cada autor, ao seu modo, propôs-se a uma tarefa louvável e impossível: fornecer-nos uma descrição precisa do Incerto. Nada melhor, portanto, do que os incontroláveis oceanos, nossa tangível amostra do Nada, para representá-lo.

Metáforas, porém, como tudo no universo, são suscetíveis à horrível corrosão entrópica. Caem em desuso, transformam-se em pastiches de si próprias, e são abandonadas ao sabor das páginas de tomos ressequidos. Esfriam como estrelas mortas. A tarefa da poesia, aqui, é um harmônico daquela de nossa existência: agir como força antientrópica, chama prometeica, a aquecer novamente as figuras que brilham nas tramas de nosso imaginário.

Na virada do século XXI para o XXI, ninguém devolveu mais calor à chama inaugurada por Homero do que Marcelo Tápia.

Profundo conhecedor da literatura e dotado de olho clínico para perceber a beleza da poesia concreta, Tápia a imbuiu de novo engenho e lhe cerziu novas estruturas, continuando com justeza a tradição iniciada pelos irmãos Campos e por Décio Pignatari. Em seu livro *Primitipo*, de 1982, o poeta repete não apenas uma, mas duas vezes, a difícil tarefa de atualizar o tema em novos paradigmas literários, com duas composições que analisarei em detalhe. A primeira, "Respingo", reproduzida supra, p. 380.

A poesia concreta, última das vanguardas artísticas do século XX, parece romper radicalmente com os modos clássicos de produção poética. Tal afirmação é parcial e, portanto, errônea. Diferentemente do que se pode imaginar, a ruptura com o padrão que ela empreende não é a do abandono, mas a da *conversão* das formas. Portanto, antes de falar da espacialização, do tipo, ou das texturas construídas no poema, opto por iniciar esta análise a partir de algo aparentemente não convencional para o concretismo: o verso.

Imperceptível à primeira lida, "Respingo" é um verso alexandrino perfeito, ou seja, de doze sílabas poéticas com acentuação na sexta e na décima segunda sílabas. Não apenas isso, apresenta andamento tetra-anapéstico (quatro segmentos de duas sílabas átonas seguidas de uma tônica, se convertermos o sistema quantitativo do verso grego pelo qualitativo, próprio de nosso idioma) por toda sua extensão. A referência a Homero é clara: o anapesto é, assim como o dátilo, um pé ternário – o primeiro, ascendente; o segundo, descendente –, o que os aproxima na leitura contínua, em que as sílabas se sucedem independentemente do início tônico ou átono; Carlos Alberto Nunes, diga-se, tornou paradigma, em português, a conversão do verso homérico em pés ternários. O ritmo de marcha, repetindo em eco a vogal [a] em todas as tônicas do verso, opostas as vogais fechadas [u], [e] e [o] em posições estratégicas, emula o mesmo vai e vem do mar moldado pelo Meônida em *polyphloísboio thalásses*.

Preenchendo o plano da expressão com intenso significado, Tápia emprega a palavra *vaga* em seu sentido de *onda*, a fim de que ela componha par com o verbo *vagar* no próximo pé. Nessa vaga, por sua vez, resvalamos *rumo ao nada*. A morte se revela como resultado da errância da vida; certeza única de nosso vagueio. O oximoro de ter somente o Incerto como certo é capturado pelo poeta na relação entre expressão e conteúdo: as palavras, possuidoras de diferentes valores dentro da estrutura erigida pelo verso, são irmanadas pela assonância e pala paronomásia; o percurso da vida em direção à morte é pontuado pelas mesmas âncoras sonoras.

Finalmente, o aspecto visual do poema, como sói ser em poesia concreta, merece atenção especial. Seu título, "Respingo", alude ao tipo pontilhista empregado. Tal como em Homero Crises é representado pelo brevíssimo verbo *bê*, Tápia parece representar a nós, mortais, como as breves gotas que compõem a grande vaga. Ao nos aproximar do fim, no quebrar da onda, esvaímo-nos como as palavras fragmentadas no final do verso: *nada*, aqui, é apenas sugerido no falho pontilhado final; a palavra se torna tão incapturável e difusa quanto seu significado. Não podemos, no entanto, apressar-nos em chamar o poema de niilista, ou de pessimista, como aprecia fazer a crítica vazia, e a espacialização do poema pode nos ajudar a justificar tal posição: até a cesura, na sexta sílaba poética, o verso segue em movimento descendente; seu rumo ao nada, porém, é *ascendente*, desemboca na mesma altura donde emana. O poeta sugere, na oscilação de picos e vales da onda, o mito do Eterno Retorno, a continuação do ciclo quase inquebrável do *Saṃsāra*. Se Augusto dos Anjos nos apresentou o *budismo moderno*, Tápia de certo nos trouxe o Contemporâneo. Lá, um *urubu* que não poupa nem as *diatomáceas da lagoa*; aqui, um singelo *resvalar na vaga* que nos impele ao esmaecente *nada*.

O segundo poema, "Ond", desenvolve a *res* em outra direção, que radicaliza, como se verá, a metalinguagem da poesia concreta (supra, p. 381).

Assim como em "Respingo", vemos em "Ond" cuidado semelhante com a versificação, de modo que se faz importante analisá-la primeiro. Trata-se também de um verso alexandrino perfeito, *como ondear um mar sem tontear-me o onde?*, mas de andamento diferente do primeiro: enquanto em "Respingo" o ritmo é tetra-anapéstico, "Ond" ondula mais e constrói duas seções compostas por um peão quarto (três sílabas átonas e uma tônica) e um jambo (uma átona e uma tônica), divididas pela cesura em *mar* na sexta sílaba. O belo verso, por sua vez, opõe o mesmo [o] fechado ao [a] aberto que vemos em *polyphloísboio thalásses*, e propõe novo ritmo para o marear inconstante que retrata.

No que tange o tipo e a visualidade do poema, Tápia se vale de uma fonte recurva, que pode tanto ser disposta classicamente, na horizontal, ou ser encadeada nos termos de cada letra, o que acaba por coagir o verso à disposição que se nos apresenta. Diferentemente de "Respingo", mais regular em todos os sentidos, "Ond" se esparge em várias direções. O tipo jorra em fluxo contínuo, corrente marítima, guiando-nos em direção à sinuosa interrogação no final. Não é o poeta quem deliberadamente escolhe a estrutura final da obra, mas sua própria matéria-prima.

O poema, em seu nível lexical, acompanha sua disposição ondulante, que nos obriga a virar e revirar o papel (ou a cabeça) para lê-lo, conforme seu balanço. *Ondear um mar sem tontear-me o onde* pode nos levar, dessa forma, a, pelo menos, duas interpretações distintas: a primeira, como já vimos em "Respingo", aponta à busca por um Norte que supere as vicissitudes e incertezas da vida; a segunda, como se demonstrará, questiona o próprio estatuto do concretismo enquanto movimento poético e o ferrenho choque entre *vanguarda* e *status quo*. O Mar, nesse eixo de leitura, passa a ser metáfora para o próprio ato da escrita e *ondeá-lo* se torna *poetizar*. *Tontear o onde*, por consequência, torna-se perder de vista a tradição poética; inovar a ponto de perder a comunicabilidade entre movimentos artísticos. Perfaz-se, portanto, ferroada aguda nos detratores da poesia concreta: a resposta à pergunta postulada no verso é respondida pelo próprio poeta, na forma do estruturadíssimo verso alexandrino que subjaz à visualidade ondulante e difusa do poema. Em outras palavras, "Ond", poema Concreto em verso alexandrino, busca corresponder à vanguarda, mas *sem perder de vista* seu *onde*, seu *télos*, a tradição da qual bebe.

De maneira similar, o poeta português E.M. de Melo e Castro dialoga, em seu poema "Círculo Aberto/Ritmo Liberto", com a mesma questão. Ainda que o estruture à moda das vanguardas, o poema é composto por dois versos regulares, de quatro sílabas poéticas (*cír/cu/loa/ber/to | rit/mo/li/bert/to*); o cálculo do metro não é prisão, mas liberdade do pensamento. Assim como o Jambo XIII de Calímaco, em que o poeta instaura o programa da poesia helenística, recusando a inspiração da musa em troca da *tekhné*, e introduzindo o conceito da *poikilía* – a multiplicidade e a mistura de gêneros poéticos –, "Ond" e "Círculo Aberto/Ritmo Liberto" estabelecem o programa da escola que representam e, consequentemente, o éthos de seus autores. Portanto, tanto Melo e Castro como Marcelo Tápia, na condição de expoentes e *auctores* de nossa tradição concretista, ensinam-nos que a ruptura com o velho não deve ser absoluta de modo a promover o isolamento, mas uma *ruptura em retomada*, que reapresenta temas antigos à luz de novos artifícios. Outros ondeios – mas sem tontura! – no vasto mar da literatura.

Em outra produção mais recente, "Fórmula do Mar", Marcelo Tápia realiza novas incursões no tema grego. Nesse videopoema musical, entrelaçam-se tanto a fórmula usada por Homero na *Ilíada*, quanto sua variação *katà kyma polyphloísboio thalásses*, presente no fragmento XIII de Arquíloco de Paros. A estas acompanham suas transcrições poéticas, feitas pelo autor: *junto às ondas polissonantes do oceano* e *fundo às ondas polissonantes do oceano*. As palavras do micropoema visual seguem se espargindo em partitura similar à do canto-chão, como se correnteza fossem, em um fundo azul escuro que representa o mar, acompanhadas por vozes que as cantam conforme suas variações de altura.

"Fórmula do Mar", como seu título nos indica, assim como "Respingo" e "Ond", é outra obra em prol da impossível determinação do incerto. São poemas que nos deixam entrever a figura do poeta enquanto organizador do Caos e do Absurdo; enquanto produtor de *realidade*. Se em Homero o mar é o signo da desolação do sacerdote Crises, em Tápia ele se torna o ponto de partida para o questionamento do próprio fazer poético. Vagar nele, para o poeta, é proceder na incansável empreitada de fazer, a partir de *Kháos*, *Kósmos* (supra, p. 93).

Por fim, acredito que a experiência da leitura das transcriações homéricas de Marcelo Tápia em "Respingo", "Ond" e "Fórmula do Mar" é similar à do vislumbre da monumental *Grande Onda de Kanagawa*, de Katsushika Hokusai – representação do mar bravio por meio de fractais regulares e milimetricamente calculados: por mais que tentemos estruturar a onda da vida, o mar retumbante sempre nos levará *rumo ao nada* ou a um eterno *onde* pontuado por uma inquietante interrogação; cabe à Arte, portanto, guiar-nos por essa onda sem (tantos) tonteares.

BIBLIOGRAFIA

ANJOS, Augusto dos. *Eu*. São Paulo: Narval, 2015.
FLUSSER, Villém. *Língua e Realidade*. São Paulo: Annablume, 2007.
HOMERO. *Iliad*. Oxford: Oxford University Press, 1920.
MELO E CASTRO, Ernesto Manuel de; BRAVO, Rodrigo; PIETROFORTE, Antonio Vicente Seraphim. *Ernesto na Torre de Babel*. São Paulo: Annablume, 2016.
TÁPIA, Marcelo. *Primitipo*. São Paulo: Massao Ohno/M. Lydia Pires Albuquerque Editores, 1982.
____. "Fórmula do Mar". Revista *Errática*. Disponível em: <http://www.erratica.com.br/opus/80>.

Este livro foi impresso na cidade de São Bernardo do Campo,
nas oficinas da Paym Gráfica e Editora, em maio de 2017,
para a Editora Perspectiva.